CONGO-KINSHASA: 65 ANS DEN DÉRIVES

Pouvoir, Peuple et l'Épreuve de la Responsabilité Nationale

Un livre de refondation nationale

Par

Félix Kaputu

Docteur en Anthropologie, Etudes Interdisciplinaires, littérature comparée, Droit Humain International, écrivain, chercheur en gouvernance, spécialiste des dynamiques postcoloniales et de la mémoire politique africaine, Professeur de l'anthropologie des guerres internationales, conflits régionaux et génocides.

« Notre avenir ne sera plus dicté par les hasards de l'histoire ni les humeurs de l'étranger, mais par notre capacité à concevoir ensemble un projet de Nation. »
— Joseph Kabila, discours du 23 mai 2025

« Quand un peuple n'a plus de cap, l'histoire le prend en otage. Il faut alors rallumer les repères. »
— Félix Kaputu

Dédicace

Litanie du Silence Forgeron

À Joseph Kabila Kabange, l'Homme aux Douze Piliers

Je dédie cet ouvrage au Silence, Mais

pas n'importe quel silence.

Celui qui, entre deux battements de l'histoire,

Taille la pierre d'un pays à genoux,

Et lui donne la forme d'un géant debout.

Pendant six ans, aucun mot…

Et pourtant, tout parlait.

Le ciel du Katanga, les rivières du Kasaï,

Les collines du Kivu, les savanes de l'Équateur,

Tous chantaient un nom, inaudible mais présent :

Joseph Kabila, le Forgeron muet de la Nation.

Ce silence fut plus fort que les clameurs. Il

n'était pas fuite, mais fusion.

Il n'était pas absence, mais essence.

Il fécondait les cendres d'un Congo dispersé,

Préparait le souffle des douze piliers sacrés.

Alors le Silence devint Verbe.

Et ce Verbe se fit Dodekaprogramme.

Douze lettres pour réécrire l'alphabet du salut.

Un pour la sécurité, un pour la justice,

Un pour l'éducation, un pour la souveraineté… Jusqu'à douze, comme les apôtres d'une paix durable. Ce poème est une offrande, une litanie.

Il n'élève pas un homme au-dessus des autres. Il révèle un mythe vivant, un architecte discret, Un visionnaire tissé dans les fibres de la terre.

Joseph Kabila, tu n'as pas crié : tu as semé.

Aujourd'hui, le Verbe est entre nos mains. Chacun porte une brique, chacun tient une torche. Et dans chaque pas vers la refondation,

Résonne encore, immense et intact :

Le Silence qui forge les nations.

Préface

É tudier la **République démocratique du Congo** revient à plonger dans une énigme politique, sociale, historique et existentielle qui défie les cadres d'analyse conventionnels. Peu de pays suscitent autant de fascination, d'incompréhension et de douleur.

Depuis 1960, l'indépendance congolaise semble plus proche d'un mythe fondateur que d'un projet réalisé. Entre espoirs déçus, élites déconnectées, ressources surexploitées et population en quête de dignité, ce pays semble vivre une tension permanente entre grandeur potentielle et fragilité structurelle.

Mais derrière les méandres institutionnels, les dérives des élites ou les logiques géopolitiques, demeure une constante souvent ignorée : la souffrance profonde du peuple congolais. Depuis 1960, le citoyen congolais vit dans un cycle de promesses non tenues, de violences répétées, de déplacements forcés, de famines, de dépossessions, de silence imposé. Chaque décennie semble lui retirer un peu plus le droit d'espérer, d'exister pleinement comme sujet de l'histoire. Le rêve d'un Congo libre, souverain et solidaire – porté par Lumumba au seuil de l'indépendance – a été défiguré par des décennies d'instrumentalisation du pouvoir, d'échec des politiques publiques, de crises humanitaires chroniques et de fragmentation identitaire entretenue. Le peuple est tiraillé entre une mémoire glorieuse toujours invoquée et une réalité cruelle toujours renouvelée. C'est ce peuple, patient, résilient, souvent invisible dans les grandes analyses, que ce livre place au centre du débat. Car il ne peut y avoir de transformation du Congo sans réparation morale, économique, culturelle et politique de son peuple, sans que celui-ci ne retrouve sa voix, sa dignité, sa capacité de rêver à nouveau.

Alors que l'auteur de cet ouvrage poursuivait depuis de longs mois un travail de recherche minutieux, s'appuyant sur une vaste collecte de données, de témoignages, de documents officiels, d'analyses empiriques et théoriques, un événement décisif est venu bouleverser la trame silencieuse de l'écriture : le discours du Président Joseph Kabila, prononcé le 23 mai 2025. Ce discours – sobre, lucide, structurant – a agi comme un catalyseur dans le paysage politique congolais en proie à l'asphyxie. Il a brisé les silences et les prudences calculées, il a désigné les dérives sans haine ni revanche, et surtout, il a montré un chemin : celui de la reconstruction nationale à partir d'un socle de dignité, de responsabilité, de vision partagée. Il ne s'agissait pas simplement d'un retour à la parole publique, mais d'un geste politique majeur qui est venu valider, renforcer, éclairer l'ensemble du diagnostic que cet ouvrage propose. Le livre que le lecteur tient entre ses mains ne prétend pas résoudre l'énigme congolaise. Il fait bien davantage : il la traverse, l'interroge, la déconstruit et, ce faisant, offre une grille de lecture essentielle. Ce texte est rare. Il mêle anthropologie politique, science politique, histoire critique, philosophie de l'action collective, sociologie du pouvoir et mémoire nationale. En cela, il incarne une démarche véritablement interdisciplinaire – au sens noble du terme – où chaque chapitre articule des sources empiriques rigoureuses, une interprétation théorique structurée et une visée de transformation sociétale. C'est une œuvre qui n'a pas été écrite dans le confort académique, mais dans le tumulte du réel, avec l'urgence d'un pays à sauver et la

conscience aiguë que les idées, lorsqu'elles sont justes et portées collectiveme[nt]
peuvent devenir des forces de refondation.

I. Un diagnostic lucide et sans complaisance

Dès les premières lignes, l'auteur pose un diagnostic implacable : la faillite des élites congolaises n'est pas accidentelle, elle est structurelle. Loin de toute posture victimaire, l'ouvrage démontre que les dérives actuelles du Congo trouvent racine dans des trajectoires postcoloniales inabouties, dans un rapport faussé au pouvoir, et dans une ethnicisation calculée de la vie publique.

Loin d'émettre des jugements péremptoires, l'auteur adopte une posture d'analyste engagé : il ne dénonce pas pour dénoncer, mais pour éclairer. Le recours à des auteurs majeurs tels qu'Achille Mbembe, Georges Balandier, Jean-François Bayart, Didier Fassin, Mahmood Mamdani, Veena Dasu ou encore Paul Ricœur, donne à cet ouvrage une portée théorique majeure. Ces penseurs sont convoqués non pas comme des oracles figés, mais comme des partenaires critiques qui viennent nourrir une réflexion profondément enracinée dans la réalité congolaise.

II. L'apport théorique d'une œuvre de référence

Le livre s'inscrit dans les grands débats contemporains sur la défaillance étatique, les violences identitaires, la démocratie en contextes postcoloniaux et les usages du trauma collectif. À travers ses chapitres, il convoque les concepts de « politique du ventre » (Bayart), de « postcolonie » (Mbembe), de « mémoire silencieuse » (Caruth et Ricœur), d'« économie de la dépendance » (Samir Amin), ou encore de « théâtre politique » (Balandier) pour déconstruire le réel.

Mais plus encore, il propose un concept original : celui du « **chaos rationnel** », une forme d'instabilité chronique rendue fonctionnelle pour les élites afin de légitimer leur position et perpétuer un État-fantôme. L'auteur montre que ce chaos n'est pas seulement subi – il est produit, entretenu, justifié. Ce renversement de perspective est d'une grande richesse heuristique pour la recherche politique contemporaine.

III. L'opposition congolaise revisitée : entre illusion démocratique et mimétisme autoritaire

Le chapitre sur l'histoire de l'opposition congolaise constitue un sommet analytique. Loin d'en faire un simple récit de confrontation avec le pouvoir, l'auteur y dévoile les stratégies de récupération, les logiques de connivence, les figures du silence organisé et du ralliement opportuniste. L'opposition congolaise y est montrée comme un miroir du pouvoir : fluctuante, personnalisée, désidéologisée.

Cette approche confirme les intuitions de Sartori (1976) sur les partis sans système, ou encore les travaux de Mabeko-Tali sur les illusions plurielles d'une opposition sans vision. À travers l'analyse du mandat de Joseph Kabila, l'auteur identifie la tentative inaboutie d'intégrer l'opposition dans une logique républicaine de co-construction, préfigurant un possible renouveau national.

IV. L'apport décisif du discours à la nation du Président Joseph Kabila

Mais c'est dans le Dodekaprogramme – ce programme en douze points conçu pendant le parcours politique Joseph Kabila et présenté dans son discours du 23 mai 2025 – que réside la clé de voûte du projet. Trop souvent ignoré ou caricaturé, ce programme est ici réhabilité dans toute sa cohérence. Il s'y dégage une vision de reconstruction nationale structurée autour de la gouvernance éthique, de l'unité nationale, de la sécurité humaine, de l'éducation, de la culture, de l'économie locale et de la diplomatie souveraine.

L'auteur ne cède jamais à l'angélisme. Il ne fait pas de Kabila un sauveur mais lui reconnaît une lucidité stratégique : celle d'avoir compris que le Congo ne se reconstruira pas par la guerre des mots mais par la convergence des intelligences, des mémoires et des territoires. En appelant à une réappropriation nationale de ce programme, l'ouvrage invite à une refondation de l'imaginaire politique congolais.

V. Une œuvre originale, située, engagée

Ce livre est profondément **situé** : écrit depuis l'intérieur de la société congolaise, il en épouse les douleurs, les grandeurs, les ambiguïtés. Mais il n'est jamais enfermé dans une logique nationaliste ou ethniciste. Il parle du Congo pour penser l'Afrique, et de l'Afrique pour éclairer le monde.

Il est également **engagé** : il ne propose pas un savoir froid, désincarné. Il parle à la société, aux chercheurs, aux décideurs, aux jeunes, à la diaspora. Il propose des pistes, identifie des leviers, invite à rompre avec la politique-spectacle pour réhabiliter la politique-sens.

Enfin, il est **original** : ni manuel, ni pamphlet, ni traité académique rigide, ce livre est un hybride créatif qui mêle rigueur scientifique, souffle littéraire et stratégie de transformation. Sa construction par chapitres thématiques, son usage de tableaux d'enquête, de cartes conceptuelles et d'interviews donne une richesse formelle rare dans les études africaines.

VI. Pour une nouvelle génération de chercheurs et d'acteurs

À l'heure où l'Afrique est à la croisée des chemins, ce livre est un signal fort : il nous dit que le savoir est une arme, que l'analyse est un levier, que la lucidité est une forme d'amour. Il rappelle, comme le disait Gramsci, que la crise, c'est le moment où l'ancien meurt sans que le nouveau ne puisse naître – sauf si une volonté collective se lève.

Pour les chercheurs, ce livre est un outil. Pour les enseignants, une ressource. Pour les militants, un repère. Pour les gouvernants, un miroir. Et pour les jeunes Congolais, une promesse : celle que penser son pays, c'est déjà commencer à le transformer.

Ce livre ouvre également une brèche dans les théories globales du développement, souvent imposées à l'Afrique sans réel enracinement culturel ni reconnaissance des savoirs locaux. En recentrant le regard sur le Dodekaprogramme comme projet africain de gouvernance, l'auteur participe à la construction d'un nouveau canon intellectuel, où la pensée stratégique venue du Sud retrouve sa place. À ceux qui doutent de la capacité du continent à se gouverner lui-même, ce livre oppose une démonstration limpide : oui, il existe des pensées africaines de l'État, de la réforme, et de la souveraineté, et Joseph Kabila en est l'un des plus singuliers artisans.

Cette œuvre est aussi un appel à l'humilité adressé aux institutions du Nord. Trop souvent, les stratégies internationales sont construites sur des lectures erronées de la réalité congolaise. Le Dodekaprogramme, tel qu'interprété et analysé par le professeur Félix U. Kaputu, impose désormais une relecture : celle d'un Congo producteur de modèles, porteur de rationalité politique et capable d'apporter une contribution originale aux défis mondiaux. Il ne s'agit plus d'« aider » le Congo, mais de l'écouter, de dialoguer avec ses stratégies internes, et de reconnaître en Joseph Kabila un acteur stratégique majeur du XXIe siècle.

Enfin, ce livre n'est pas seulement un diagnostic ni une projection : c'est une direction. Une boussole. Il montre que la refondation n'est pas un rêve abstrait, mais une démarche exigeante, déjà amorcée, et qui attend l'adhésion des citoyens. Il convoque la mémoire, la rigueur, et la foi en un avenir possible. Il fait du lecteur un partenaire dans l'œuvre de renaissance congolaise. Pour ces raisons, **Congo-Kinshasa : 65 Ans en Dérives** s'impose comme un texte fondateur, un manuel d'orientation nationale, et un testament d'espoir pour toutes les générations à venir.

Révérend Dr Jean-Claude Masuka Maleka, PhD

D. Min., MPG, B. Education

Représentant du GBGM dans la région d'Afrique de l'Ouest

Table des matières

Introduction générale

Depuis l'accession de la République Démocratique du Congo à l'indépendance en 1960, le pays n'a cessé de balancer entre espoirs refoulés, régressions multiples et tentatives inabouties de refondation nationale.

Le présent ouvrage, *Congo : 65 Ans en Dérives*, s'inscrit dans une démarche de lucidité critique qui interroge ces décennies d'instabilité et d'expérimentations souvent incohérentes, en vue de dégager les conditions possibles d'un véritable renouveau national.

À travers dix chapitres solidement documentés, il explore les figures du pouvoir, les dérives de la gouvernance, les fractures sociales et les mirages de la modernité, en mobilisant une large palette d'auteurs issus des sciences sociales, des études postcoloniales, de la philosophie politique, de la littérature critique et de l'anthropologie.

L'ouvrage convoque notamment Frantz Fanon (*Les damnés de la terre*, 1961) dont la critique du mimétisme colonial reste centrale dans la compréhension des élites africaines postindépendance. Fanon avertissait que l'imitation des institutions occidentales, sans transformation structurelle des rapports sociaux, mènerait à une reproduction de l'aliénation coloniale. Cette lecture est renforcée par Jean-François Bayart, dont le concept de *politique du ventre* (1989) décrit comment l'État devient un instrument d'accumulation personnelle, transformant aussi bien le pouvoir que l'opposition en lieux de rente et de prédation.

Dans l'analyse des tensions identitaires, Achille Mbembe (*De la postcolonie*, 2000) propose un cadre théorique fondamental pour comprendre les logiques de violence, les jeux de pouvoir symbolique et la fragmentation des récits nationaux. Son œuvre éclaire plusieurs chapitres, notamment ceux consacrés à la dérive ethno-régionaliste et à l'effacement d'un projet culturel commun. L'approche de Georges Balandier (1955, 1985), pionnier de la sociologie africaine, renforce cette perspective par sa réflexion sur les dynamiques de désordre comme formes de structuration du pouvoir postcolonial.

D'un point de vue anthropologique et politique, Mamdani (*Citizen and Subject*, 1996) et Veena Das (*Life and Words*, 2007) sont mobilisés pour éclairer les rapports entre mémoire, violence et formes de subjectivation dans les zones de conflit, notamment dans l'Est du pays. Le rôle de la mémoire traumatique collective, théorisé par Jeffrey Alexander (*Cultural Trauma and Collective Identity*, 2004) et Cathy Caruth (*Unclaimed Experience*, 1996), est essentiel pour analyser la survivance de blessures historiques dans la conscience nationale.

L'analyse des pratiques de gouvernement s'appuie également sur les travaux de Didier Fassin (*La Raison humanitaire*, 2012), qui permet de comprendre comment les dispositifs humanitaires deviennent souvent des instruments de gestion politique de la misère, entre compassion et contrôle. À cela s'ajoute Pierre Englebert (2003), qui démontre comment la faiblesse institutionnelle de l'État congolais est renforcée par un système international qui le reproduit comme "État failli".

Par ailleurs, des auteurs congolais de premier plan comme Nzongola-Ntalaja (*The Congo: From Leopold to Kabila*, 2002), Jean-Michel Mabeko-Tali (*Chronique d'une opposition*, 2010),

Isidore Ndaywel è Nziem (*Histoire générale du Congo*, 2004) et Kyungu Shimbi (*Évolution du pouvoir administratif du Chef de l'État*, 2022) apportent un ancrage local crucial à l'analyse. Leurs travaux, riches de nuances historiques et d'observations empiriques, permettent de déconstruire les mythes nationaux pour mieux penser les potentialités de refondation.

Ce livre ne se contente pas de dresser un réquisitoire des dérives ; il cherche à établir des balises pour une alternative. Dans cette optique, le Dodekaprogramme de Joseph Kabila Kabange est présenté non comme un aboutissement, mais comme une vision structurée et prospective, fondée sur la responsabilité politique, la planification inclusive et la participation populaire. Loin des slogans éphémères et des projets de façade, ce programme ambitionne de restaurer une éthique du pouvoir, une justice équitable, et une citoyenneté active à l'échelle nationale.

Au fil des chapitres, le lecteur découvre les divers visages de l'échec – imitation sans contextualisation, usage creux de concepts modernes, opposition sans idéaux, exploitation politique de la pauvreté, perte d'autorité symbolique, absence de projet culturel unificateur – mais aussi les germes d'une refondation, souvent marginalisés, parfois embryonnaires, mais bien présents.

La structuration même de l'ouvrage répond à une logique évolutive : de l'histoire tronquée de l'indépendance jusqu'aux propositions concrètes de renaissance nationale, en passant par les mécanismes de fragmentation du pouvoir. Chaque chapitre associe une perspective critique rigoureuse à une volonté de solution, dans l'esprit d'un engagement intellectuel au service de la reconstruction collective.

Cette introduction générale appelle ainsi à une lecture réflexive, critique et responsable. Elle pose les fondements d'un dialogue entre la mémoire, la critique et l'action. Car ce livre est aussi un appel à la conscience – à celle des chercheurs, des politiques, des citoyens, des diasporas, des partenaires internationaux – afin de redonner sens au projet congolais dans toute sa profondeur humaine, historique, et civilisationnelle.

Chapitre 1
1960 – Une Indépendance sans Projet

1.1 Illusions fondatrices

Lorsque le Congo accède à son indépendance, en date du 30 juin, l'observateur le plus averti verrait tout de suite un désordre, un chaos de l'inachevé et des attentes non clairement formulées. Nzongola (2004) observe qu'il s'agit d'une indépendance non conquise et octroyée dans l'opacité totale et la précipitation, sans une vision claire et structurante au bénéfice du pays.

Pour premières et plus simples preuves, nous en voudrions aux ratés des services de la journée même de l'indépendance, dont spécialement le discours improvisé du Premier ministre Lumumba, non prévu au protocole, ayant créé une suite d'événements malheureux, les uns autant que les autres.

Ils passeront par plusieurs accusations, incompréhensions, oppositions tribales, l'opposition entre les camps prenant position dans la guerre froide soit pour le monde occidental, soit pour le monde socialiste se focalisant sur l'URSS. L'inconsidération des services protocolaires (l'affront) vis-à-vis du roi Baudouin pourtant la pièce maîtresse, le pourvoyeur de l'indépendance, d'une part, et la discordance des voix locales portent en elles dès cet instant le germe de la cacophonie socio- politique qui perdure depuis lors. Dès cet instant, apparait le « dinosaure sociopolitique » combinant préférences ethniques, pauvreté et ignorance, provincialisation du pouvoir, la réduction et traduction des valeurs morales universelles réduites aux relativités locales à connotations variables selon l'appartenance du moment au groupe tenant le pouvoir. L'application de la loi, si droit il y a s'applique exclusivement aux autres.

Les illusions fondatrices nourries par les déconvenues ci- haut mentionnées et par une rhétorique de libération à exigences variables selon les appartenances régionales, tribales, politiques et religieuses sont restées loin de la réalité et des besoins réels du peuple. Pendant ce temps, les institutions sociales ont sans cesse continué à peiner à se démarquer quand bien même les dirigeants du moment ressortaient de manière claire et pertinente des chantiers fédérateurs à l'intérêt du pays entier et qui auraient pu, une fois pour toutes, lancé le développement intégral de l'Etat et de la nation entière.

Pour essayer de comprendre ce chaos initial, Bustin (1996) développe tout un livre autour d'un concept essentiel, à savoir le « caractère improvisé » de cette indépendance octroyée au Congo. Il se penche sur un demi-siècle d'échecs démocratiques et nourrit ainsi la mémoire critique d'un peuple trahi. Ses analyses pivotent essentiellement autour de quelques orientations après une analyse bien fouillée et des diagnostics percutants (Bustin, 1996).

Pour Bustin (1996), cette indépendance se présente comme un événement vide sans ancrage démocratique. L'élite congolaise mal préparée peine à faire face à un Etat colonial déconstruit sans passer par des étapes claires, sans préparation et sans un suivi national. Il en a découlé que la passation du pouvoir traduit un contexte désorganisé laissant en marge de tout et sans le moindre engagement le peuple dans son ensemble. Un tel processus laissa ainsi entrevoir **la déconnexion entre l'État et le peuple**. Conséquemment, il s'est agi d'un retrait précipité des Belges à la suite des pressions internationales et quelques soulèvements populaires locaux plutôt qu'une consolidation d'un projet démocratique.

Ce moment fondateur a raté de marquer son originalité mais a davantage accentué les institutions héritées de la colonisation initialement prévues pour contrôler les espaces et les peuples plutôt que pour construire les ambitions locales pour le renforcement des ambitions locales. De même, ce moment historique devint aussi porteur du péché originel et original d'un Etat en faillite perpétuelle.

Bustin note que « l'indépendance fut moins une conquête qu'un retrait précipité des Belges », lié aux pressions internationales et aux soulèvements populaires, et non à la consolidation d'un projet démocratique. En l'absence de vision, ce moment fondateur n'a produit ni institutions stables ni culture politique inclusive. Dès lors, **la déconnexion entre l'État et le peuple** s'est accentuée : les institutions héritées de la colonisation furent conservées, alors même qu'elles avaient été construites pour contrôler, non pour servir. Ce manque d'ancrage démocratique forma l'un des socles des dérives successives s'échelonnant sur de nombreuses années depuis lors sans une vraie rupture politique, culturelle avec les fondements de l'esprit colonial mais donnant lieu au pouvoir autoritaire s'imposant depuis lors.

Dans ce chaos, il fut facile pour Mobutu Sese Seko de passer du pouvoir personnel à l'Etat de prédation. Ce président s'érigea comme l'archétype du pouvoir néo-patrimonial africain pendant plus de trois décennies en renforçant une forme spéciale de centralisation où l'autorité de l'Etat se mesure non au nom de l'intérêt général mais en fonction des logiques de fidélité personnelle, de l'ethnisation du pouvoir aboutissant à la captation des ressources.

Dans ce processus extrêmement rapide, le président Mobutu s'engagea à détruire méthodiquement tout contre- pouvoir. Il interdit les partis politiques, musela les médias et l'administration fut soumise aux logiques de clientélisme et de corruption. Sous le prétexte de l'idéologie de « l'authenticité, » il obtint l'outil nécessaire pour la manipulation des symboles fondamentaux culturels ramenant le tout à la seule image du puissant chef, Kuku Ngbedu wa Zabanga (le seul coq du poulailler). Il lui fut facile de dissimuler derrière cette façade le démantèlement rapide et progressif de l'Etat républicain. Il s'agissait davantage d'un « Etat façade » très vite devenu une **entreprise de prédation systémique**. Les conditions étaient réunies pour que les richesses nationales ne fussent entrevues que pour entretenir une élite restreinte autour du président fondateur. En dépit de nombreux slogans (et leurs manifestations populaires consécutives) notamment ceux copiés mot à mot de la Chine, la totalité de plus de trois décennies de pouvoir absolu du président Mobutu manqua de réforme structurelle visant à transformer les conditions de vie du peuple. Les fausses appellations de démocratie africaine marquaient simplement l'échec d'une volonté politique de construire un avenir collectif.

Derrière tout ça, le peuple fut instrumentalisé et la démocratie confisquée. Il fut régulièrement mobilisé comme instrument politique sans jamais être reconnu comme acteur souverain « Que ce soit lors de l'indépendance, au début de la révolution mobutiste, ou même durant la Conférence nationale souveraine (1991-1992), l'espoir populaire fut souvent utilisé comme **outil de légitimation symbolique**, puis rapidement trahi. »

Alors que la Conférence nationale souveraine donnait tout espoir d'une transition pacifique vers la démocratie au milieu de l'enthousiasme populaire, les débats animés, les prises de parole courageuses, la mainmise du président Mobutu fit vite de récupérer toute la situation à travers diverses manœuvres d'intimidations et des promesses jamais tenues. Il n'y eut qu'un habillage formel dépourvu de toute volonté réelle d'inclusion et de partage du pouvoir. Le rôle primordial de la société civile, des Eglise, des syndicats et presse fut soumis à des dynamiques internes de fragmentation et de pression en provenance du pouvoir. Dans ces conditions, le peuple dans sa majorité se resigna à la passivité, la résignation et la lutte pour la survie quotidienne sans jamais parvenir à structurer une opposition efficace.

On pourrait bien entendu dans ces conditions étaler plusieurs analyses sur toute cette période historique. Toutes aboutiront sans conteste à la seule et unique conclusion : **les échecs démocratiques du Congo-Zaïre ne sont pas dus à une malchance historique, mais à des sabotages politiques délibérés**. En effet, toutes les tentatives de réforme institutionnelle, sociale, économique et politique étaient vite récupérées par les cercles au pouvoir qui y voyaient en permanence une menace permanente contre leurs privilèges.

En se penchant sur la décennie 1980-1990, Bustin (1996) indiqua comment la pression internationale força Mobutu à consentir certaines réformes qui furent vite diluées, entravées et souvent contournées. Conséquemment, les lois promulguées n'eurent pas l'occasion d'être appliquées mais elles divisèrent

9

davantage les opposants. Pendant ce temps, les quelques institutions nées de ces reformes superficielles restèrent sans budget ni projet consécutif. Les tenants du pouvoir laissaient entrevoir que le régime savait se moderniser sans se démocratiser. En fait, le pouvoir gouvernait contre le peuple et jamais à partir de lui. Bustin (1996) conclut que la structure de pouvoir zaïroise était fondamentalement incompatible avec l'idée de responsabilité au sens politique, économique et moral.

De tout ce qui précède, une interrogation que Bustin (1996) souleva subsiste encore : « A qui appartient le Congo ? » Cette interrogation reste centrale et traverse tout son ouvrage. Les formes du pouvoir ont quelques fois changé mais souvent les confiscations du pouvoir ont gardé leurs dynamiques. Le peuple souvent exalté, rarement entendu, l'état souvent évoqué mais rarement mis au service des citoyens. Finalement, l'échec de la démocratie du Congo offre en soi un miroir critique. C'est aussi un outil de lucidité et de mémoire. En prenant le temps de mous y pencher de plus près, il y a lieu de comprendre pourquoi le pays peine à se stabiliser et que ses crises répétitives n'ont de cesse. Il va de soi que la question de responsabilité reste la plus urgente à adresser aujourd'hui tout comme hier. Ne pas le faire équivaudrait à se résoudre à la continuité de la même situation.

1.2 Héritages du silence, récits de domination — 65 ans de langage, d'injustices et de détournement de la République

1.2.1 L'empreinte coloniale et la fabrication de l'assujettissement

Pour comprendre la déconfiture ci-haut documentée, d'aucuns recourent aux livres les plus en vue malheureusement sans prendre les gants de la critique historique. Un de ces livres consulté est *King Leopold's Ghost*, Adam Hochschild (1998).

Cet ouvrage retrace un retour à l'infrastructure mentale et sociale de la colonisation belge. Cet auteur retrace avec une rigueur implacable les « horreurs » du règne de Leopold II accusé d'être une prédation morale, humaine et économique, en ces termes : « In no other African colony did a single man exercise so much power with so little accountability ; soit Dans aucune autre colonie africaine, un seul homme n'a exercé autant de pouvoir avec si peu de comptes à rendre (p. 115). » Comme on le voit, l'auteur n'épargne nullement le roi Léopold II même si, par ailleurs, celui-ci pourrait être ménagé du seul fait qu'il déléguait tous les pouvoirs et n'avait jamais fait face aux réalités de la République démocratique du Congo.

Pour cet auteur, le Congo fut conçu comme un espace à exploiter sans aucune souveraineté mais ayant la main-d'œuvre et un profond silence forestier. Il souligne aussi un grand traumatisme né de la terreur des mutilations autour des quotas d'ivoire et de caoutchouc et qui aurait construit un imaginaire collectif basé sur la peur, l'obéissance et la culture de domination coloniale.

Au-delà du fait que certaines de ces informations pourraient avoir un certain crédit, il faudrait évidemment ne pas perdre de vue que cette source s'ajoute à d'autres nombreuses du monde anglosaxon, anglophone dans une opposition politico-culturelle se faisant des coups dans l'arrière-plan de l'implantation et de l'expansion des territoires colonisés. Il va de soi qu'une autre question serait de savoir dans quelle mesure on pourrait présenter une expérience coloniale meilleure ou pire en comparaison à d'autres pour autant que les unes et les autres se fondaient sur l'asservissement et la déshumanisation complets, sinon une occupation culturelle suivie d'un renversement de toutes les valeurs sociales locales. A ce sujet, les témoignages locaux des survivants du système colonial varient énormément.

Mais, pour ce qui est de la République Démocratique du Congo, ces témoignages dépendent de plusieurs variables dont la période temporaire pendant la colonisation. Cette temporalité se reflète aussi sur la grandeur du territoire au moment précis. La première guerre et la seconde guerre mondiale, la période précédant l'indépendance, celle de l'indépendance, ou beaucoup d'autres après l'indépendance, toutes ont des particularités enfouies dans la mémoire humaine et transmises à travers divers médias. Ces témoignages directs en provenance des populations mêmes auront sans doute plus de poids que l'ouvrage de l'auteur Holchschild écrit dans la lignée des conflits idéologiques et la lutte des occupations coloniales. Des témoignages écrits indiquent en effet que les anglosaxons recherchaient toutes les occasions données pour se prendre (ou reprendre) certaines parties du Congo.

Du côté belge cependant, dans l'abondance d'archives (une spécialité de ce peuple), il y a lieu de noter une multitude de voix. Marcel Yabili un grand analyste de ces archives, par exemple, relève les particularités et les différentes voix et de multiples orientations d'opinions sous différentes motivations. Le roi Leopold II porté par des intérêts scientifiques plus que beaucoup de souverains de son époque employa des moyens colossaux pour la découverte du pays, ses multiples ressources, ses peuples et ses cultures pour en avoir une banque des données uniques. Le souverain projetait ses découvertes et recherches en entrevoyant les besoins du monde en termes de connaissances, de savoir et savoir-faire, des possibilités géologiques uniques devant produire plusieurs révolutions. Il voyait son petit royaume jouer un rôle crucial dans le devenir des nations. Cette perspective pourrait aisément remettre en question des soupçons d'exclusion complète les locaux, fussent-ils congolais ou noirs ou les deux.

Quoiqu'il en soit, ce passé disputé à plus d'un niveau a quand même gardé une constance dans la période postcoloniale en ce qui concerne la dualité des tenants du pouvoir et les autres. Les tenants du pouvoir restent au centre de toutes les attentions et ont la direction du pays en mains tandis que les autres. Ces derniers seront toujours marginalisés pour autant qu'ils ne sachent pas monter aux arcanes du pouvoir et renforceront les socles du consentement passif. Ce dernier aspect renforce la difficulté de toute mobilisation populaire face à l'autoritarisme.

1.2.2 Des sociétés en mutation : entre ancrages traditionnels et désarticulation moderne

Introduction

L'histoire contemporaine de l'Afrique, et plus spécifiquement celle de la République Démocratique du Congo, est indissociable des profondes mutations sociales qui ont redessiné le tissu socioculturel du continent au XXe siècle. Au carrefour de la tradition et de la modernité imposée, les sociétés africaines ont été confrontées à des bouleversements abrupts qui ont fragilisé leurs structures fondamentales. Ce processus, que Georges Balandier qualifie de **"désarticulation sociale"**, a transformé les dynamiques de pouvoir, d'autorité et d'appartenance, souvent au détriment des populations locales. En lieu et place des pouvoirs coutumiers et ancestraux, d'autres acteurs se sont imposés souvent comme seuls leaders à bord reléguant loin au quatrième ou cinquième plan l'autorité traditionnelle. La nouvelle élite (aussi connue comme les

13

évolués) formée à l'école occidentale et le personnel de service de proximité auprès des colons ont successivement pris la deuxième et la troisième place dans la vision civilisatrice de la colonisation renvoyant ainsi l'autorité traditionnelle dans l'ordre et le contexte des « autres » marginalisés joignables à travers une tierce voix de l'interprétation assurée par l'élite et le personnel de proximité. Cette dernière, cherchant dans beaucoup de cas à plaire aux autorités du long moment dirigeront les rencontres dans le sens à satisfaire leurs nouveaux dirigeants sans accorder la moindre attention aux représentants de leurs ancêtres. On se retrouve ainsi dans le cas de figure où les autochtones sont les premiers à dévaluer leur culture locale et toutes ses valeurs à travers ce que Balandier appelle « désarticulation sociale. »

Malheureusement, cette tendance qui affecte les courtisans du pouvoir en place au détriment des questions primordiales socio-politiques au grand dam de la cohésion sociale, des projets fédérateurs et des fondations renouvelées d'une société en marche. Balandier (1955), Young (1965), Bustin (1996) et Gondola (2004) offrent la possibilité d'explorer la trajectoire de la République Démocratique du Congo. Dans sa longue transition, très souvent douloureuse entre ancrages traditionnels et structures modernes exogènes, elle fait face à une rupture entre l'imaginaire social endogène millénaire et le nouvel appareil politico-administratif porteur de la philosophie et de l'imaginaire occidentaux imposées par le nouvel ordre social de la colonisation. Le pays a traversé la frontière de la colonisation à la post-colonisation en gardant les mêmes indicateurs des relations humaines au pouvoir, la négligence des pouvoirs coutumiers et le foisonnement des intermédiaires agissant pour le compte des unités linguistiques, ethniques, coutumières et le pouvoir ancestral loin du monde réel et comptable.

Dans la dynamique de la compréhension de l'époque historique transitionnelle, Balandier (1955) offrait déjà une lecture pionnière des sociétés africaines en transformation. Sa description d'un continent bouleversé face à l'irruption brutale de la modernité coloniale démontre comment la présence coloniale a déstructuré l'imaginaire local en imposant une modernité de façade au sein des esprits. La présence coloniale a conduit vers des horizons ne reflétant pas nécessairement le concept d'une nation au sein des nations anciennes. Aussi, concernant la dynamique de la rupture, déclare-t-il : « Ce que l'on appelle 'modernisation' est souvent un processus de désarticulation sociale profonde » (Balandier, 1955, p. 45).

Pour l'auteur, cette modernisation ne repose pas sur une dynamique interne, mais sur une volonté extérieure d'adapter les structures africaines aux exigences d'un pouvoir colonial bureaucratique, rationalisé (à la mode occidentale) et centralisé. Il en résulte un phénomène spécifique, un décalage entre les institutions importées et les représentations sociales traditionnelles comme il l'affirme dans cette phrase : « Les systèmes politiques hérités de la tradition (africaine) sont désintégrés sans que des nouveaux systèmes soient véritablement intégrés dans les mentalités collectives » (Balandier, 1955, p. 63). Toutefois, plus qu'en d'autres endroits, au Congo, le phénomène ci-haut décrit est exacerbé. Le nouvel ordre colonial a délégitimé sans les remplacer par une autorité reconnue les chefferies, les lignages et les ordres coutumiers. Conséquemment, l'Etat dans sa forme coloniale tout comme sous sa forme postcoloniale apparait davantage comme un corps étranger imposant l'ordre sans beaucoup d'occasions d'assurer un enracinement socioculturel considérable.

Approfondissant l'analyse du caractère artificiel de l'Etat et du pouvoir, Young (1965) retrouve cette caractéristique dans le nouvel Etat congolais né le 30 juin 1960. L'auteur démontre que l'indépendance fut octroyée en l'absence des fondations sociopolitiques solides consolidées pour permettre au pays de voler de ses propres ailes. Serait-ce ce que le fameux politicien belge avait entrevu en déclarant que le Congo serait prêt pour l'indépendance dans une trentaine d'années.

1.2.3 Contexte historique de la citation

La date ci-haut évoquée en rapport avec la citation susmentionnée en rapport avec le projet de l'indépendance de la République Démocratique du Congo est attribué à plus d'une personne. Il s'agit tout d'abord de **Gaston Eyskens, ministre belge des Colonies**. Elle est ensuite attribuée à d'autres acteurs politiques belges tels que **Albert De Vleeschauwer** ou encore **Pierre Wigny,** tous deux des figures influentes de la politique coloniale belge. La première observation pourrait, dans ce cas, consister à noter comment les politiciens belges responsables de la colonisation n'avaient pas réuni le consensus pour l'octroi de l'indépendance au mois de juin 1960. Cette **réticence profonde du pouvoir colonial belge** à envisager une décolonisation rapide du Congo pourrait aussi avoir un plan bien précis étant donné que la colonisation avait fait du chemin et entrevoyait imposer de plus en plus de Modernité occidentale au détriment des valeurs locales.

Selon des sources concordantes des archives parlementaires belges citant notamment Stengers (1997), le projet le plus dominant dans les années 1950 était que **le Congo belge ne serait prêt à l'indépendance que dans plusieurs décennies**. L'estimation variait entre vingt-cinq et trente ans. On l'appelait **« pénétration morale, »** soit la stratégie qui encadrerait l'élite congolaise vers plus de « modernité » pendant que la Belgique continuerait à maintenir un contrôle étroit sur toutes les institutions, c'est-à-dire une stratégie visant à encadrer l'élite congolaise tout en maintenant un contrôle étroit sur les institutions, les ressources et les cadres sociaux. Il est quand même dommage qu'il n'y ait pas beaucoup de sources étalant les programmes détaillés de tout ce qui serait fait en faveur de cette élite pendant ces années de transition[1]. Il n'en demeure pas moins que le seul fait de se focaliser et d'insister sur l'encadrement de l'élite prouve à lui seul à suffisance combien cette société congolaise était chamboulée et nourrissait des ambitions qui mettraient sens dessus dessous les structures primordiales qui ont fait la pluie et le beau temps des civilisations africaines et congolaises.

Le plan du politicologue belge Van Bilsen (1955) mentionnant le Congo déclarait ce qui suit :   « Le Congo belge ne peut devenir indépendant que dans 30 ans, à condition que la Belgique forme une élite africaine compétente. » Les intellectuels congolais y répondirent avec la création de la **Conscience Africaine**. C'était un mouvement catholique critique qui insistait sur le besoin d'émancipation **non conditionnée par un calendrier colonial**. Ce faisant, l'élite congolaise était encouragée d'aller de l'avant et de réclamer à

---

[1] Sans doute que le gouvernement belge en charge de la colonie, le Congo, avait plusieurs projets d'actions pour le développement d'un Etat fort et prospère au centre de l'Afrique.

tout prix l'indépendance. Il s'en suivit des émeutes des années 1959-1960 à Léopoldville et des soulèvements dans plusieurs provinces. Conséquemment, le roi Baudouin et le gouvernement belge furent contraints d'annoncer une **Conférence de la Table Ronde** dès janvier 1960. Celle-ci conduisit vite à une **indépendance précipitée le 30 juin 1960**, bien loin des trente ans annoncés.

L'indépendance obtenue dans des circonstances précipitées entraina des conséquences fâcheuses notamment parce que seul un petit nombre de nationaux s'embarquaient dans l'aventure ou s'improvisaient leaders inspirés pour la construction de la nation. Malheureusement, la nouvelle élite ne réussit qu'à se transformer vite en une « ethnie » artificielle, un petit nombre de gens réunis par leur éducation occidentale et souvent entraînés à s'opposer au monde villageois souvent analphabète ou à s'ériger comme leaders de facto poussant au silence l'autorité traditionnelle.

Politiquement, l'indépendance obtenue dans ces conditions de pression populaire donna vite lieu aux violences urbaines et provoqua une tension internationale. Sans suffisamment de transfert de compétences appropriées et adaptées au nouvel environnement, seuls des rares Congolais étaient en mesure de s'adapter, sans oublier que seulement très peu d'entre eux avaient un parcours scolaire/académique susceptible de répondre aux besoins du moment. Du coup, la République démocratique du Congo se retrouva dans un cul-de-sac qui continue à prendre le pays en otage. En l'absence de système institutionnel authentique adapté aux besoins locaux, les structures coloniales conservées sans reforme conséquentes ont franchi la frontière coloniale/postcoloniale. Du coup l'élite politique divisée et inexpérimentée se retrouva incapable de faire face à la crise de juillet 1960, la sécession katangaise, l'assassinat de Lumumba donnant ainsi lieu à une instabilité durable, cyclique (répétitive) encore présente dans la biosphère congolaise.

Aussi, pourrions-nous finalement dire que l'avertissement implicite colonial projetant l'indépendance de la République démocratique du Congo autour de trois décennies au-delà du 30 juin 1960, bien qu'empreint de paternalisme, trouve malheureusement un écho tragique dans **l'échec institutionnel post-indépendance**. Plusieurs historiens, à l'instar de Nzongola (2004), Young (1965) et bien d'autres encore ont interprété le désordre récurrent comme **le résultat d'un Etat sans nation, et d'une nation sans Etat**. La République démocratique du Congo navigue entre ces deux extrêmes de manque de Nation et d'Etat.

1.2.4 Conséquences politiques internationales

Après le départ précipité des Belges, la République démocratique du Congo se retrouva en plein dans la polarisation pendant la guerre froide. Elle participa activement aux luttes d'influence entre l'URSS et les Etats-Unis, chacun des deux soutenant des factions rivales des politiciens congolais. Il y a lieu de noter qu'en raison de leurs oppositions idéologiques, la CIA, elle, participa activement à **la chute et à la mort de Lumumba généralement perçu comme un pro-soviétique**. En l'absence de tout modèle précis de décolonisation, la République démocratique du Congo devint vite un cas d'études d'échec précipité pour d'autres puissances coloniales présentes sur le continent africain et justifièrent leur passation tardive d'indépendance aux pays se retrouvant sous les puissances de la France, la Grande-Bretagne et le Portugal.

L'échec du Congo justifia (aux yeux coloniaux) une décolonisation plus contrôlée des pays tels que l'Algérie et le Kenya en dépit d'importantes révoltes locales. C'est aussi cet échec originel qui donna lieu à l'absence d'Etat fonctionnel dont découlèrent des décennies entières de crise, guerres civiles et conflits divers dans l'Est du pas. Bientôt, plusieurs états occidentaux se plurent d'appeler toutes ces crises et le manque de démarrage dans le monde développement intégral comme des « échecs africains ». Le plus souvent, ces échecs et ses guerres (ou conflits) avaient/ont leurs cerveaux moteur dans les officines occidentales, notamment à Bruxelles même (selon la sensibilité de certains gouvernements).

Conclusion

La fameuse déclaration belge selon laquelle *le Congo ne serait prêt à l'indépendance que dans trente ans* ne relevait pas simplement d'un calcul administratif, mais d'une **vision néocoloniale du développement**, où l'Afrique restait sous tutelle morale de l'Europe. C'était aussi un piège énorme car le refus de la proposition entrainait une descente aux enfers marquée spécialement par l'incapacité de constituer un Etat moderne en mesure de faire face aux défis d'un monde global et globalisant.

L'indépendance de 1960, forcée par les circonstances, a révélé **l'hypocrisie de cette position autant que sa pertinence stratégique**, puisque la Belgique, en refusant de préparer un État viable, a garanti sa domination économique et politique même après le départ des administrateurs blancs. Cette citation, souvent reprise avec ironie par les intellectuels congolais, demeure aujourd'hui **un avertissement historique** : toute souveraineté sans projet, sans préparation, sans inclusion du peuple, est un pas vers la désarticulation sociale et la domination renouvelée.

C'est cette situation lamentable qui donna lieu aux données dont Young (1965) s'est servi pour déclarer le caractère artificiel du nouvel état congolais, incapable d'avancer sans les fondations sociopolitiques nécessaires car « Independence was granted to a nation without a state *l'indépendance était octroyée à une nation sans état* » (Young, 1965, p. 54). En fait, Young pose le postulat qu'étant donné une absence totale de planification claire de son avenir, le Congo postindépendance hérite d'un appareil institutionnel belge difficile à cerner et à gérer. Aussi, en l'absence d'une classe politique et d'une identité homogène pour assurer la gestion de l'héritage controversé, on se retrouva devant un Etat congolais **techniquement moderne, mais socialement vide**. En d'autres termes, il s'agissait d'une coquille vide sans légitimité populaire: « The state was a shell with neither popular legitimacy nor cultural depth *L'Etat était une coquille sans légitimité populaire ni une profondeur culturelle»* (Young, 1965, p. 127). En conséquence, le fossé évident entre le formalisme administratif et les réalités sociales, s'agrandissant au gré des politiques en place et des influences externes, conduit à une **désarticulation politique**. Depuis lors, le pouvoir devint un enjeu de prédation, les institutions une façade, et le peuple un objet de mobilisation plutôt qu'un sujet politique.

Bustin (1996), largement documenté dans cette section a justement examiné le prolongement de cette désarticulation dans l'histoire postcoloniale congolaise. Il observe que l'absence de structures politiques enracinées a permis l'ascension d'un pouvoir personnel, autoritaire, et clientéliste. Aussi, affirme-t-il :« Le pouvoir postcolonial a pris la forme d'une appropriation privée de l'État » (Bustin, 1996, p. 88). Dans ce chaos sociopolitique, le président Mobutu sut instrumentaliser les décombres institutionnels pour instaurer un système néo-patrimonial fondé sur la fidélité ethnique et l'accès aux ressources. Ce système remplaça les anciennes structures sociales détruites, sans pour autant en construire de nouvelles. Le peuple fut toujours relégué à une posture d'attente, d'obéissance, ou d'exil intérieur tout comme extérieur car : « Le citoyen n'existe pas. L'homme du Zaïre n'est qu'un client du pouvoir, sans droits ni protection » (Bustin, 1996, p. 114). Il en découla une société éclatée, gouvernée par la peur et la rumeur, où l'Etat ne protège plus, mais exploite. La désarticulation sociale est donc suivie d'une **dégradation morale et politique**, qui empêche toute reconstruction durable. Cette détérioration amena plusieurs réactions et surtout celles de l'église catholique.

Prenant position entre les deux auteurs susmentionnés, Young (1965) et Bustin (1996), Gondola (2004) proposent une lecture synthétique d'une histoire dont la trajectoire a été brusquement brisée. Les identités régionales ainsi que la mémoire historique et collective ont été fragmentées, instrumentalisées pour produire une société en perpétuelle quête de son être et son devenir dans un espace global aux exigences multiples et en pleine mutation. L'auteur note : "Colonial governance shattered the coherence of social institutions while postcolonial rulers manipulated the ruins. *La gouvernance coloniale a brisé la cohérence des institutions sociales tandis que les dirigeants postcoloniaux manipulaient les ruines.*" (Gondola, 2002, p. 142). Ces ruines sociopolitiques mirent au premier plan une question jamais résolue, la question identitaire incapable de construire une mémoire nationale collective. Dans un élan cyclique, chaque période du pouvoir renforce un **sentiment d'exclusion des autres**, alimentant les conflits ethniques, régionaux et politiques car : "The Congolese state exists largely as a battlefield of narratives, not as a shared space of belonging. *L'État congolais existe en grande partie comme un champ de bataille de récits, et non comme un espace partagé d'appartenance.*" (Gondola, 2002, p. 179). Le Congo est devenu un champ de bataille des narratifs n'insistant pas sur le caractère d'un espace commun partagé. Finalement, tout porte à croire que les ancrages traditionnels ne sont pas seulement désarticulés, mais **réécrits** dans une perspective de pouvoir. La chefferie n'est plus une autorité culturelle, mais une délégation politique. La coutume locale est reconfigurée comme instrument de légitimation. L'imaginaire collectif est colonisé à nouveau de l'intérieur et dépend davantage des prédateurs politiques du moment.

Les quatre auteurs mis en exergue pour apporter de la lumière à la période critique de l'indépendance et sa suite, Balandier (1955), Young (1965), Bustin (1996) et Gondola (2004) nous offrent une fresque lucide et cohérente d'une société congolaise **en transition non maîtrisée**, passée de l'ancrage communautaire à la désagrégation politique, de la cohésion rituelle à la fragmentation néo-patrimoniale. Cette société est incapable de se re/fonder sur base des acquis non unanimement acceptés, compris et encore moins maitrisés de l'organisation sociopolitique coloniale ou du moins inspirés des projets économiques et sociaux qui semblaient avoir réussi pendant la période coloniale. Dans ces conditions, la **désarticulation sociale** devient non seulement un constat, mais un mécanisme durable de domination. Elle est ce fil rouge qui lie la modernisation forcée, l'État importé, la confiscation du politique et l'explosion identitaire. Le Congo, soixante-cinq ans après son indépendance, reste confronté à un défi fondamental : **réconcilier la mémoire, les structures sociales et le pouvoir politique**. C'est là, et seulement là, que pourra s'amorcer une reconstruction républicaine et inclusive.

Chapitre 2

Le Tribalisme : Mythe Identitaire et Réalité Politique

Introduction

Le tribalisme, dans le contexte de la République Démocratique du Congo, fonctionne à la fois comme une matrice de solidarité et comme un vecteur d'exclusion. Dans un pays qui compte environ 450 groupes ethniques, la tribu, loin d'être simplement une donnée culturelle, constitue une véritable structure de survie et de référence identitaire dans un État qui n'a jamais su bâtir une citoyenneté inclusive.

Cette réalité est particulièrement marquée dans les milieux urbains où les « mutuelles » ou « communautés des ressortissants » de certaines parties du pays se retrouvent officiellement pour célébrer leur culture et lui permettre de survivre dans le monde urbain.

Mais, au-delà des festivités culturelles qui combinent art culinaire, musique et danse, mascarade et visibilité aux ethnies qui risqueraient de disparaître, ces communautés jouent un rôle déterminant dans l'accès à l'emploi, au logement, à l'éducation, même à la justice et au pouvoir politique.

Ces structures communautaires, ancrées dans le paysage sociopolitique congolais, constituent des formes de repli identitaire qui contredisent l'ambition d'une modernité démocratique fondée sur l'égalité, le mérite et les droits humains universels. Le repli identitaire a fini par opposer les groupes ethniques et des groupes d'intérêt contre les vraies résolutions nationales.

Loin d'être une survivance purement traditionnelle, le tribalisme congolais s'est transformé en outil de clientélisme politique. Il a été formalisé et exacerbé sous le régime du Président Mobutu Sese Seko (1965–1997), qui s'en est servi pour consolider son pouvoir par une politique de « géopolitique régionale » où chaque poste-clé était attribué selon des équilibres ethno-régionaux. Ce tribalisme institutionnalisé a sapé toute possibilité de méritocratie et a vidé la fonction publique de sa légitimité. Il a aussi nourri des sentiments de méfiance et d'exclusion qui fragilisent aujourd'hui encore le tissu national. Sous la présidence de Félix Tshisekedi, le tribalisme a pris une ascension exponentielle allant jusqu'au point où tout le pays a fini par croire qu'une seule ethnie prend en otage toute la république.

Malheureusement, ce système n'a pas disparu avec la chute de Mobutu. Sous Laurent-Désiré Kabila, il doit faire face à une réalité nationale. Le tribalisme a pris d'autres formes, notamment par la militarisation régionale du pouvoir et le favoritisme envers les provinces d'origine des combattants de l'AFDL. Lorsque Joseph Kabila accède au pouvoir en 2001, il hérite d'un État où la loyauté communautaire prime sur la citoyenneté. Dès lors, l'une des tâches les plus complexes de sa gouvernance sera de tenter de déconstruire cette architecture clientéliste sans provoquer une nouvelle fragmentation nationale. A travers plusieurs réformes institutionnelles et symboliques, il essaiera de redonner un sens à la nation comme entité politique unificatrice, avec un succès partiel mais non négligeable. Pendant ses années au pouvoir, il tenait à parler en terme national en favorisant des projets d'intérêt national, des chantiers de développement. Malheureusement, les pesanteurs identitaires l'amenèrent à déclarer qu'il n'avait pas trouvé une quinzaine d'excellents collaborateurs qui travailleraient sans idée arrière pour la refondation de la nation. La machine tribale opérait à tous les niveaux et freinait la rapidité de sa spontanéité à couvrir les besoins de tout le pays.

Comme le rappelle Georges Balandier, « l'Afrique postcoloniale n'a pas hérité d'un État, mais d'un appareil de domination sans légitimité ». Dans cette optique, le tribalisme devient le substitut de la citoyenneté absente. Le défi posé au leadership congolais, et en particulier à Joseph Kabila, est alors de transformer ces solidarités primaires en forces de construction collective, sans pour autant nier la diversité culturelle.

Sur le plan anthropologique, la tribu offre sécurité et reconnaissance, mais sur le plan politique, elle inhibe la mise en place d'un État impartial. Psychologiquement, le tribalisme répond au besoin d'appartenance (Maslow), mais bloque l'émergence d'un individu citoyen émancipé. Sur le plan des droits humains, il mine le principe d'égalité. L'enjeu de ce chapitre sera donc de comprendre comment le tribalisme est devenu à la fois un refuge identitaire, un levier politique et un obstacle à l'unité nationale. Il s'agira aussi de mesurer la portée et les limites des tentatives de réforme menées sous la présidence de Joseph Kabila pour sortir de cette impasse. Bref, nous verrons dans quelle mesure le tribalisme est « un mal politique déguisé en lien culturel ; il tue la nation à petits feux. »
— Valentin-Yves Mudimbe, *The Invention of Africa*.

2.1 La tribu comme refuge et référence

Dans l'histoire politique et sociale de la République Démocratique du Congo, la tribu n'est pas seulement une donnée culturelle ou ancestrale : elle est un mécanisme de survie, de protection et de reproduction sociale. En particulier dans les contextes urbains où l'État reste absent ou perçu comme incompétent, les Congolais se regroupent selon des logiques ethno-régionales, à travers des 'mutuelles' ou 'communautés de ressortissants'. Ces structures jouent un rôle crucial dans l'accès aux opportunités, à l'entraide et à la justice coutumière, mais elles renforcent également des logiques d'exclusion et de fragmentation du tissu national.

Ces communautés d'appartenance deviennent les premières références identitaires, souvent en contradiction avec l'esprit républicain. L'individu est perçu d'abord par sa tribu avant toute autre qualité personnelle ou citoyenne. Le tribalisme urbain engendre ainsi un système d'alliances invisibles mais puissantes. Georges Balandier affirme que 'la structure tribale fonctionne comme une médiation entre le chaos social et la recherche de stabilité' (Balandier, 1985). Cette médiation devient alors structurelle et constitue une entrave à la construction de l'État-nation congolais. Dans l'histoire contemporaine, les régimes successifs ont tour à tour tenté de manipuler, d'instrumentaliser ou d'ignorer ces structures tribales. Mobutu Sese Seko, par exemple, développa la fameuse 'géopolitique' selon laquelle chaque grande région ou ethnie devait être représentée dans l'appareil étatique. Cela consolida une logique de quota tribal au détriment de la compétence.

2.3 Tribalisme et exclusion des compétences Introduction

Le tribalisme, en République démocratique du Congo, ne se limite pas à une appartenance culturelle ou linguistique. Il s'est transformé, au fil de l'histoire, en un mécanisme d'exclusion sociale et politique profondément enraciné. Sous couvert de solidarité communautaire, il a infiltré les institutions de l'État, sapant les fondements de la méritocratie et compromettant gravement les chances d'émergence d'un État moderne et efficace. Loin d'être une simple survivance du passé précolonial ou colonial, le tribalisme est aujourd'hui instrumentalisé par des élites qui y trouvent un levier pour consolider leur pouvoir et exclure toute forme d'alternative fondée sur la compétence.

La construction d'une nation ne peut s'accommoder de ce système d'allégeance ethnique. Pourtant, dans une société composée de plus de 450 ethnies, comme le rappelle Georges Balandier, « l'ethnie est le dernier recours quand l'État est faible, et le premier outil quand l'élite veut se maintenir » (*Le pouvoir sur scènes*, 1980). Dans ce contexte, la figure du Président Joseph Kabila Kabange a émergé comme celle d'un homme d'État tenté de rompre avec l'héritage tribaliste, malgré des obstacles majeurs et les incompréhensions persistantes sur ses origines[2].

---

[2] Des politiciens congolais en mal de résistance ou de progrès sensible dans l'espace politique ne trouvent pas mieux que d'attribuer à d'autres politiciens plus actifs l'appartenance à des pays étrangers, spécialement le Rwanda. Ils jouent sur la corde émotive de la population pour arracher leur attention et considérer les autres comme des ennemis de l'Etat congolais.

2.3.1. Le tribalisme comme filtre d'accès aux opportunités

Dans les structures postcoloniales, le tribalisme s'est imposé comme un canal de redistribution des ressources. Jean- François Bayart désigne ce phénomène comme une « politique du ventre », où « la logique de l'appropriation privée des ressources publiques se conjugue avec les solidarités ethniques » (*L'État en Afrique*, 2006, p. 58). Dès lors, l'accès aux postes publics, aux contrats d'État, aux opportunités professionnelles dépend moins de la compétence que de l'appartenance à une
« famille élargie » ethnique.

Cette réalité s'exprime de manière spectaculaire dans les administrations locales et nationales. Des concours de la fonction publique aux nominations ministérielles, l'appartenance tribale devient un critère implicite de sélection. Les candidats issus de communautés marginalisées, malgré leurs qualifications, sont souvent écartés au profit de « frères » du groupe au pouvoir. Comme l'indique Mamdani : « Le citoyen devient un sujet ethnique lorsque l'État se sert de la tradition pour gérer l'exclusion » (*Citizen and Subject*, 1996, p. 25).

Dans les centres urbains, ces dynamiques prennent la forme des « mutuelles de ressortissants », dont l'objectif affiché est l'entraide entre personnes d'un même territoire d'origine. Cependant, ces structures deviennent rapidement des instruments de contrôle, excluant ceux qui n'en partagent pas l'identité territoriale. En analysant Kinshasa, Kisangani ou Lubumbashi, des chercheurs comme Nzongola-Ntalaja ont montré que ces formes de micro-loyautés nuisent à l'unité nationale (Nzongola-Ntalaja, 2002).

2.3.2. La dictature de Mobutu et l'ethnicisation du pouvoir

Le maréchal Mobutu Sese Seko, tout en promouvant l'« authenticité » comme doctrine nationale, a paradoxalement érigé l'ethnie en critère de promotion politique. Originaire de Gbadolite dans la province de l'Équateur, Mobutu a largement favorisé les ressortissants de sa région. Des secteurs entiers de l'appareil d'État ont été peuplés de proches ethniques, souvent au détriment de la compétence. Ce favoritisme, masqué par une rhétorique d'unité nationale, a laissé une trace durable dans la culture administrative congolaise.

Selon Crawford Young, « le régime de Mobutu était fondé sur un ethnonationalisme déguisé, où l'unité n'était qu'un paravent servant à masquer la réalité de l'appropriation du pouvoir par une minorité régionale » (*The African Colonial State in Comparative Perspective*, 1994, p. 199). Ce modèle, en s'institutionnalisant, a discrédité l'idée même de neutralité de l'État.

2.3.3. Joseph Kabila et la tentative de rupture

Lorsque Joseph Kabila accède au pouvoir en 2001, à la suite de l'assassinat de son père, il hérite d'un État déstructuré par des années de guerre civile, de prédation économique et d'ethnicisation extrême du pouvoir. Très tôt, il tente de rompre avec les pratiques antérieures. Son discours d'investiture évoque la reconstruction nationale, la paix et l'unité[3]. Mais son approche du pouvoir se distingue par un style silencieux, anti- spectaculaire, loin du messianisme tribal qui dominait la scène politique congolaise.

_____

[3] Discours inaugural du Président Joseph Kabila

Dans la composition de ses gouvernements, Kabila inclut des personnalités de diverses régions du pays. Il nomme Antoine Gizenga, puis Adolphe Muzito, tous deux originaires de l'ouest, à la primature. Il fait entrer dans son cabinet des représentants du nord, du Kasaï, du Katanga et de l'est du pays. Ce choix d'inclusivité témoigne d'une volonté de construire une gouvernance post-ethnique.

Néanmoins, ses détracteurs utilisent son nom, sa discrétion et son histoire familiale pour le discréditer. On l'accuse d'être « Rwandais », « tutsi », voire « imposteur » – des accusations destinées à raviver les peurs tribales. Ces campagnes médiatiques et politiques empêchent l'émergence d'un débat fondé sur les compétences et sur les résultats de sa gouvernance[4].

2.3.4. Le tribalisme comme obstacle au développement

Les conséquences du tribalisme sur la gouvernance sont multiples. Tchouassi (2010) souligne que « la logique tribale dans la nomination des cadres entraîne une démobilisation des élites compétentes et un affaiblissement de l'administration publique ». Lorsque les postes sont occupés sur la base de l'origine et non de la compétence, l'efficacité administrative décline, la corruption prospère, et le sentiment d'injustice s'étend.

---

[4] Curieusement, quand il reprend la parole six ans après qu'il ne soit plus à la tête du pays, la rhétorique rwandaise reprend avec autant de

virulence. Son retour sur la scène politique fait peur et la seule manière d'essayer de le fragiliser reste apparemment ce retour à une rengaine de plus en plus connue de tous les Congolais. Ceux-ci savent aussi, qu'au gré de leurs phantasmes, certains politiciens jadis traités d'étrangers redeviennent soudainement Congolais de père et de mère.

En matière de développement économique, les programmes échouent parce que leurs responsables manquent de formation ou de vision. Des entreprises publiques stratégiques sont dirigées par des personnes incompétentes mais politiquement loyales. Cette logique tue l'innovation, ralentit les réformes et perpétue la pauvreté. Frantz Fanon avait déjà averti, dans *Les Damnés de la terre* (1961), que « la classe politique postcoloniale, faute de vision nationale, tomberait dans les travers de l'ethnicisme et du clientélisme », ce qui mènerait au blocage de toute transformation sociale véritable.

Conclusion

Le tribalisme n'est pas un accident de parcours dans l'histoire congolaise. Il est devenu un système de gouvernance implicite, qui structure l'accès aux ressources, l'élaboration des politiques publiques, et l'ensemble de l'organisation sociale. Pourtant, ce système est incompatible avec la modernisation de l'État, la méritocratie, et le respect des droits humains.

Le Président Joseph Kabila Kabange, par son approche inclusive et son appel constant à la réconciliation nationale, a tenté d'en finir avec l'ethnicisation du pouvoir. Mais l'ampleur des résistances, les campagnes de délégitimation, et la faiblesse des institutions ont limité la portée de cette entreprise. Aujourd'hui encore, le Congo reste à réinventer autour de principes de compétence, de justice et de solidarité nationale. La rupture avec le tribalisme n'est pas seulement un enjeu éthique : elle est la condition de survie de la République.

Les communautés d'appartenance deviennent les premières références identitaires, souvent en contradiction avec l'esprit républicain. L'individu est perçu d'abord par sa tribu avant toute autre qualité personnelle ou citoyenne. Le tribalisme urbain engendre ainsi un système d'alliances invisibles mais puissantes. Georges Balandier affirme que 'la structure tribale fonctionne comme une médiation entre le chaos social et la recherche de stabilité' (Balandier, 1985). Cette médiation devient alors structurelle et constitue une entrave à la construction de l'État-nation congolais. Dans l'histoire contemporaine, les régimes successifs ont tour à tour tenté de manipuler, d'instrumentaliser ou d'ignorer ces structures tribales. Mobutu Sese Seko, par exemple, développa la fameuse 'géopolitique' selon laquelle chaque grande région ou ethnie devait être représentée dans l'appareil étatique. Cela consolida une logique de quota tribal au détriment de la compétence. Il justifiait ainsi le fait que « Le tribalisme est une construction moderne, une réponse à la défaillance de l'État » (Bayart, 1993). Ce faisant, Mobutu prouvait aussi que « Le lien tribal, parce qu'il rassure, devient vite le canal de la peur de l'autre » (Mbembe, 2010). Il prouvait aussi, même s'il n'en avait pas pleinement conscience qu' « On ne naît pas tribal, on le devient par nécessité sociale. » (Mahmood Mamdani, 2004).

Chapitre 3

Pouvoir : Une Stratégie d'Asservissement

Introduction générale

La pauvreté en République démocratique du Congo (RDC) n'est pas un accident de parcours. Elle constitue l'un des traits les plus constants de l'histoire sociale et politique du pays, une matrice de domination héritée de la colonisation et continuellement réinvestie dans les pratiques politiques postindépendance. Si, dans les dernières années de la colonisation belge, certains Congolais bénéficiaient d'un minimum de services sociaux, d'accès à l'emploi, à l'éducation et à la santé, nombreux sont aujourd'hui ceux qui, rétrospectivement, comparent cette époque à leur condition actuelle pour y voir un déclin.

Ce constat amer traduit l'échec des régimes successifs à transformer les ressources du pays en capital humain et en bien-être collectif, préférant servir les intérêts de groupes particuliers plutôt que de poursuivre de véritables résolutions nationales.

Dans les milieux urbains comme ruraux, la vie socio-économique se caractérise par une précarité généralisée. L'État est souvent absent, les services sociaux défaillants, et la corruption omniprésente. Ce terreau d'extrême vulnérabilité est systématiquement exploité par les politiciens, qui y voient un outil de manipulation et de mobilisation électoraliste. La pauvreté devient alors une stratégie d'accession et de maintien au pouvoir, dans un modèle de domination qui renverse les principes des droits humains et de la démocratie.

Joseph Kabila Kabange accède à la magistrature suprême en 2001 dans un pays brisé, ravagé par des années de dictature, de guerres civiles, et d'effondrement institutionnel. L'héritage laissé par le régime du maréchal Mobutu Sese Seko (1965–1997) est celui d'un État vidé de ses fonctions régaliennes, où l'économie est soumise à la prédation et à la désindustrialisation, et où le citoyen est réduit à la survie. Laurent-Désiré Kabila, arrivé au pouvoir par les armes en 1997, n'aura pas le temps de redresser la situation. Son assassinat brutal en janvier 2001 interrompt un projet politique encore balbutiant[5].

Joseph Kabila hérite donc d'un pays en ruine. Dans ce contexte, la lutte contre la pauvreté devient l'un des axes majeurs de son action. Il engage une série de réformes économiques et sociales, restructure l'appareil sécuritaire, cherche à redonner confiance à la communauté internationale et relance les infrastructures. Son approche reste cependant entravée par une classe politique post-mobutiste qui continue d'utiliser la pauvreté comme prétexte idéologique tout en garantissant, pour elle-même et ses proches, un accès privilégié à l'éducation à l'étranger, aux soins de santé de qualité, et aux revenus publics.

---

[5] Laurent Désiré Kabila voyait les choses différemment et tenait à prendre une autre direction que son prédécesseur Mobutu. En peu de temps, il réussit à imposer un certain ordre. Toutefois, il se caractérisa aussi par son refus catégorique d'aller selon « l'ordre international ». Il se retrouva vite isolé et n'avait pas les moyens d'imposer sa vision politique. Sa mort intervint dans des conditions qui laissent encore planer un doute justifiable sur l'implication « d'une main noire » internationale.

Notre réflexion part de cette observation : « L'Afrique a été paupérisée pour être mieux dominée ; et cette domination passe désormais par des Africains eux-mêmes » (Mbembe, 2010). Dans cette section du chapitre, nous analyserons la pauvreté non comme une fatalité, mais comme un choix politique structurant. En combinant les théories anthropologiques sur la survie, les lectures politiques de l'économie néo-patrimoniale, et les apports psychologiques sur l'instrumentalisation de la misère, nous verrons comment la pauvreté a été organisée comme stratégie d'aliénation. Nous étudierons également les tentatives de rupture portées par Joseph Kabila, dans un contexte de grande hostilité interne et de pressions internationales. Nous porterons notre attention au fait que « Gouverner, c'est organiser la rareté, même dans un pays d'abondance » (Bayart, 2006).

Cette perspective mettra en lumière une tension centrale dans la gouvernance congolaise contemporaine : entre le maintien d'une population dans la précarité, utile pour la stabilité du régime, et la nécessité de bâtir une société inclusive, innovante, et digne des aspirations de ses citoyens. Cette seconde option, celle de bâtir une société inclusive, forcera tous les acteurs à sortir des chantiers battus et des replis identitaires.

3.1 La pauvreté comme moyen de contrôle

Introduction

Dans la République démocratique du Congo, la pauvreté n'est pas seulement une conséquence du sous-développement : elle s'inscrit dans une logique politique. Elle est instrumentalisée comme levier de contrôle, un moyen d'asseoir une domination durable en limitant les capacités d'autonomie, d'analyse critique et d'organisation de la population. Cet usage stratégique de la pauvreté remonte à l'époque coloniale, lorsque l'administration belge favorisait des formes de dépendance économique pour mieux soumettre les masses congolaises. Paradoxalement, pour de nombreux Congolais, les dernières années du régime colonial étaient mieux organisées, avec un semblant d'accès aux services de base.

Après la dictature de Mobutu (1965–1997), qui a institutionnalisé la pauvreté comme culture politique, le pays sombra dans le chaos. Laurent-Désiré Kabila, arrivé au pouvoir en 1997, n'eut ni le temps ni la stabilité nécessaire pour redresser la situation avant son assassinat en 2001. Joseph Kabila Kabange hérite donc d'un pays exsangue, aux infrastructures délabrées, à l'économie effondrée, et à une société plongée dans la précarité. La persistance de cette pauvreté a servi les ambitions de nombreux politiciens : maintenir un peuple vulnérable, manipulable et réduit au clientélisme. Dès son accession au pouvoir, Joseph Kabila a tenté de briser cette spirale en misant sur la reconstruction, la stabilisation et la réintroduction des services publics, malgré des résistances internes notables.

3.2. La pauvreté comme héritage colonial et dictatorial

L'administration coloniale belge a bâti une économie d'extraction où l'enrichissement ne bénéficiait ni aux travailleurs ni aux populations locales. Les écoles, les soins médicaux et les infrastructures étaient contrôlés par des missions religieuses et des entreprises minières, et orientés vers la maximisation du profit plutôt que vers l'émancipation des populations. « La mission civilisatrice fut en réalité une entreprise de soumission par la dépendance matérielle » (Nzongola-Ntalaja, 2002, p. 41).

Mobutu a repris ce modèle en le transformant. Il a multiplié les campagnes de propagande autour de l'"authenticité" tout en appauvrissant systématiquement les institutions. Son célèbre slogan, « débrouillez-vous », devint une injonction implicite à la corruption, au troc et à la survie individuelle. « Le peuple zaïrois fut peu à peu transformé en population d'assistés précaires, utiles pour les votes mais inutiles pour penser l'avenir » (Tshiyembe, 1999, p. 88).

3.3. Le contrôle des masses par la dépendance

Une population appauvrie est plus facile à dominer : elle se contente de peu, est focalisée sur la survie immédiate, et devient réceptive à toute promesse électorale, aussi illusoire soit-elle. Dans de nombreux territoires congolais, les distributions ponctuelles de vivres, les promesses de postes ou les dons matériels permettent de créer des fidélités politiques temporaires. « La pauvreté est ici une monnaie de pouvoir : plus elle est intense, plus elle permet d'acheter des loyautés fragiles » (Bayart, 2006, p. 115).

Joseph Kabila, conscient de cette spirale, a lancé plusieurs chantiers visant à restaurer les services de base : routes, hôpitaux, écoles. Il déclarait en 2006 : « Le Congo ne doit pas être une terre d'errance économique, mais de renaissance humaine ». Malgré les progrès, ses réformes ont souvent été freinées par des élites locales qui voyaient dans la misère ambiante un terreau de domination politique à préserver.

3.4. Pauvreté, aliénation psychologique et infantilisation politique

La pauvreté génère un état d'insécurité permanente qui affecte la conscience citoyenne. Selon Paulo Freire (1970), la condition de pauvreté maintient les masses dans une posture d'"oppression intériorisée", où le pauvre s'identifie à sa condition et à ses oppresseurs. En RDC, ce mécanisme se traduit par une faible revendication des droits, une méfiance vis-à-vis des institutions et un repli sur des figures messianiques qui promettent le salut individuel. « Le citoyen cesse d'être un acteur et devient un demandeur. Il attend, plutôt qu'il n'exige » (Ndaywel, 2004, p. 278).

Kabila a tenté de rompre avec cette infantilisation en instituant des mécanismes de concertation nationale (Conférences nationales, Concertations, Forums de paix), mais les habitudes politiques anciennes, fondées sur la manipulation des besoins primaires, ont rendu cette mutation difficile. La pauvreté en RDC n'est pas seulement un phénomène économique : elle est politique, culturelle et psychologique. Elle sert de levier à une stratégie d'asservissement des masses. L'action de Joseph Kabila pour y mettre fin s'est heurtée à des pesanteurs historiques, aux résistances des élites et aux imaginaires collectifs hérités de la colonisation. Toutefois, ses politiques de reconstruction, d'intégration et de dialogue ont constitué un tournant dans la conception du développement comme outil de dignité. La sortie de cette impasse passe par une réinvention complète du contrat social fondé sur les droits, la compétence et la justice redistributive.

3.5. Le populisme de la survie

Introduction : Une pauvreté instrumentalisée

La pauvreté en République démocratique du Congo ne constitue pas seulement une donnée socioéconomique, elle est aussi devenue une arme politique entre les mains des dirigeants successifs. Dès l'ère postcoloniale, on assiste à une consolidation du pouvoir par l'entretien volontaire ou l'inaction face à la misère des masses. Ce que l'on nomme ici **populisme de la survie** ne se limite pas à une idéologie politique, mais désigne un système de manipulation fondé sur la précarité, dans lequel la misère devient une monnaie d'échange politique.

Comme le souligne Achille Mbembe, « la domination postcoloniale s'est installée dans le ventre vide du peuple » (*Sortir de la grande nuit*, 2010, p. 73). Cette stratégie

d'« appauvrissement contrôlé » a pour finalité d'entretenir une dépendance affective et matérielle entre les dirigeants et les citoyens. Dans ce système, le chef n'est plus élu pour des projets, mais adulé pour ses dons : sacs de riz, billets de banque, emplois fictifs, et autres stratégies de captation des consciences.

Le système colonial belge a laissé derrière lui une structure de gestion fondée sur la dépendance. Les masses congolaises, dépossédées de leurs terres et de leurs moyens de subsistance, ont été reléguées à une fonction servile au profit de l'administration coloniale, dans beaucoup de cas en tout cas. Les rares formes de redistribution sociale (écoles, soins de santé) relevaient du paternalisme d'Église ou de l'intérêt minier.

Cette matrice est restée intacte sous Mobutu Sese Seko. Le Maréchal a perfectionné la logique du chef omnipotent, dispensateur de faveurs, maître des destins, et source unique de richesses. Comme le note Jean-François Bayart, « le pouvoir en Afrique repose sur la captation de la rente et la redistribution symbolique du don » (*L'État en Afrique*, 2006, p. 152). Le don du chef, visible et calculé, prend alors le pas sur l'organisation structurelle de la redistribution.

Mobutu maîtrisait l'art de la **mise en scène de la pauvreté**, où chaque drame social devenait une opportunité de renforcer sa centralité : des tournées nationales offrant des sacs de farine aux enseignants grévistes, des promotions symboliques à des fonctionnaires non payés depuis des années.

Dans ce contexte, la pauvreté devient le socle d'un clientélisme tentaculaire. Le politicien local n'est plus évalué selon sa compétence, mais selon sa capacité à subvenir à des besoins primaires : les funérailles d'un parent, la scolarité d'un enfant, les frais d'hospitalisation d'un voisin. C'est cette **inversion de la logique politique** qui permet à des élus incompétents de se maintenir en poste, tandis que les intellectuels compétents sont évincés, accusés d'être trop critiques ou déconnectés.

Comme l'explique Mahmood Mamdani : « le citoyen cesse d'exister lorsque la pauvreté le contraint à devenir un mendiant devant l'État » (*Citizen and Subject*, 1996, p. 97). Le système empêche la maturation d'un électorat rationnel, capable d'exiger des comptes. À la place, il produit un **électorat dépendant**, reconnaissant envers le chef pour chaque geste de survie.

À titre d'exemple, lors des campagnes électorales de 2006 et 2011, il était courant de voir des populations voter massivement pour les candidats qui leur avaient offert des t- shirts, quelques pièces de monnaie ou de la bière locale. Le peuple se monnaye, non pas par stupidité, mais par contrainte : voter devient un acte de reconnaissance envers un bienfaiteur provisoire, et non un acte de souveraineté.

3.6. Les résistances de Joseph Kabila : un leadership post-populiste

À son arrivée au pouvoir en 2001, Joseph Kabila hérite d'un pays en ruine : infrastructures inexistantes, administration déliquescente, conflits armés, et population précarisée. Son style, sobre et silencieux, tranche avec le populisme tapageur de Mobutu. Kabila n'offre pas des dons en direct sur la place publique, mais lance de vastes programmes de reconstruction, notamment à travers les **Cinq chantiers de la République** dès 2006.

Ce choix de **ne pas céder à la démagogie** lui attire de nombreuses critiques. Dans un pays où les populations attendent des réponses immédiates à des besoins pressants, son orientation structurelle, parfois lente à porter des fruits visibles, est perçue comme froide ou distante. Pourtant, comme il le dira dans un discours à l'Union africaine en 2013 : « Ce que vous appelez populisme, je l'appelle distraction ; ce que vous appelez don, je l'appelle dette future. »

Joseph Kabila privilégie les projets durables : routes, hôpitaux, universités. Le Projet de Réhabilitation et de Reconstruction (PRR) est lancé en partenariat avec la Chine dès 2008. Plus de 3 000 kilomètres de routes sont pavées entre 2008 et 2017, facilitant l'accès aux zones agricoles. Mais cette stratégie s'oppose frontalement aux anciens réseaux clientélistes, qui préfèrent les fonds liquides faciles à détourner. D'où les nombreuses obstructions internes.

3.7. Pauvreté, pouvoir et droits humains : un cercle vicieux

Le maintien délibéré des masses dans la pauvreté viole directement plusieurs principes fondamentaux des droits humains. Selon l'article 25 de la Déclaration universelle des droits de l'homme : « Toute personne a droit à un niveau de vie suffisant pour assurer sa santé, son bien-être et ceux de sa famille. » Empêcher les citoyens d'accéder à l'emploi, à la formation, à l'alimentation et à la santé est une stratégie d'asservissement. Le sociologue Paul Farmer parle de **violence structurelle** pour décrire ces systèmes dans lesquels la misère est organisée et normalisée (*Pathologies of Power*, 2005).

Au Congo, cette violence est banalisée. Les enseignants ne sont pas payés depuis des mois, les médecins travaillent sans équipement, les diplômés errent sans emploi. Et pendant ce temps, des politiciens riches à millions envoient leurs enfants étudier à l'étranger. Le contraste est saisissant. Joseph Kabila tente d'introduire des mécanismes d'inclusion : gratuité de l'enseignement primaire en 2010, réforme des salaires de la fonction publique, développement des coopératives agricoles. Ces projets s'inscrivent dans une **vision de dignité**, non de dépendance. Mais l'ampleur de la tâche, combinée aux résistances d'un système ancré dans le profit sur la pauvreté, limite ses effets.

Le populisme de la survie constitue l'un des visages les plus cyniques de la politique congolaise contemporaine. Il repose sur une manipulation active de la misère, un sabotage des dynamiques de progrès, et une déshumanisation des citoyens. Face à cela, Joseph Kabila a tenté, parfois maladroitement, souvent discrètement, d'imposer une autre voie : celle de la résilience structurelle.

L'avenir de la République démocratique du Congo dépendra de sa capacité à rompre avec ce modèle et à replacer la dignité humaine, l'autonomie économique et la justice sociale au cœur de son projet politique. Il ne s'agit pas de distribuer le pain, mais de permettre à chacun de le produire. Comme le résume Frantz Fanon : « Chaque génération doit, dans une relative opacité, découvrir sa mission, l'accomplir ou la trahir. » (Fanon, 1961, p. 178)

En République démocratique du Congo, l'économie nationale demeure profondément marquée par une logique de dépendance structurelle, héritée de la colonisation et consolidée par les pratiques postcoloniales. Cette dépendance n'est pas uniquement économique ; elle est politique, psychologique, culturelle et diplomatique. Elle repose sur une triple asymétrie : dans la production des richesses, dans la distribution des revenus et dans les décisions stratégiques concernant les ressources naturelles. Comme l'écrivait Samir Amin, « l'extraversion est la matrice de l'économie africaine postcoloniale, orientée vers l'exportation et dictée par des logiques étrangères » (Amin, 1973, p. 56). En cela, l'économie de la RDC, dominée par l'exportation des matières premières brutes, reste un exemple criant de cette extraversion.

L'économie de dépendance en RDC trouve ses racines dans la politique économique de l'État colonial belge, dont l'objectif n'était pas le développement des populations locales, mais l'extraction maximale de ressources pour la métropole. Cette logique a été prolongée par les élites post-indépendance, souvent formées dans les institutions coloniales, et peu désireuses ou incapables de repenser un modèle endogène. Comme l'analyse Achille Mbembe, « les indépendances africaines ont trop souvent reconduit l'ordre colonial dans sa forme la plus caricaturale, celle de la prédation » (Mbembe, 2010, p. 49).

Sous Mobutu, cette économie d'extraction a été renforcée par une gestion patrimoniale des richesses, où les revenus miniers servaient principalement à maintenir une clientèle politique et un appareil sécuritaire répressif. Dans une telle économie, l'État n'investit ni dans l'industrie ni dans l'agriculture, mais vit de rentes extérieures, souvent conditionnées par des bailleurs internationaux. « Le Congo est devenu un État rentier, dépourvu d'un véritable projet de développement » (Nzongola-Ntalaja, 2002, p. 143).

3.8 La dette, outil d'alignement politique

La dette extérieure a constitué l'un des principaux leviers de dépendance. Dans les années 1980 et 1990, les programmes d'ajustement structurel (PAS) imposés par la Banque mondiale et le FMI ont désarticulé les services sociaux de base (éducation, santé, infrastructures), tout en ouvrant davantage l'économie congolaise aux marchés extérieurs. Le Congo a été contraint de céder des pans entiers de son économie, y compris stratégiques, à des opérateurs étrangers.

Le Président Joseph Kabila hérite en 2001 d'un pays étranglé par une dette colossale et par une absence quasi totale de souveraineté économique. Dès ses premières années, il engage une politique de rééchelonnement de la dette, puis de sa réduction dans le cadre de l'Initiative PPTE (Pays Pauvres Très Endettés), achevée en 2010. Cette décision a permis à la RDC d'effacer plus de 10 milliards USD de dette, offrant une marge budgétaire pour la reconstruction (IMF, 2010).

Cependant, cette marge n'a pas suffi à briser les chaînes de la dépendance. « La dette est une arme silencieuse de domination, un mécanisme de discipline des États faibles par les puissances économiques » (Graeber, 2011, p. 89). En RDC, la dépendance s'est déplacée vers de nouveaux partenaires (Chine, Qatar, Émirats), souvent dans le cadre d'accords opaques.

3.9 Joseph Kabila et la recherche de souveraineté économique

Le mandat de Joseph Kabila se distingue par des tentatives de rupture avec cette économie de dépendance, notamment via les accords « infrastructures contre minerais » signés avec la Chine dès 2008. Ces accords prévoyaient des investissements massifs dans les routes, hôpitaux, écoles et réseaux électriques, en échange d'une exploitation minière encadrée par la Sicomines. Cette logique, bien que critiquée par certaines institutions occidentales, visait à redonner à l'État congolais un levier d'investissement direct : « Nous voulons transformer nos ressources naturelles en infrastructures, nos mines en ponts, nos forêts en écoles » déclarait Joseph Kabila lors d'un discours à Kinshasa en 2012. Cette stratégie s'opposait frontalement à la logique classique de l'aide au développement, marquée par la conditionnalité politique et l'imposition de modèles importés.

Dans les faits, ces efforts se heurtèrent à la persistance d'un appareil bureaucratique corrompu, à la porosité des frontières économiques, et à la pression de puissances étrangères peu enclines à voir le Congo devenir autonome. Le rôle des multinationales, en connivence avec des acteurs locaux, a souvent vidé ces réformes de leur substance. Comme le note Joseph Stiglitz, « le plus grand obstacle au développement en Afrique n'est pas l'absence de ressources, mais l'ingérence des intérêts étrangers et locaux qui exploitent l'État » (Stiglitz, 2002, p. 97).

L'économie de la dépendance a produit un effet paradoxal : plus le pays est riche en ressources, plus il est vulnérable à la capture politique. Cette malédiction des ressources, déjà décrite par Collier (2007), s'est traduite par une instabilité chronique, des conflits armés, et un affaiblissement des institutions. En RDC, la richesse minière a attisé les convoitises internes et externes, creusant les divisions ethniques et exacerbant le tribalisme comme mode de redistribution symbolique.

La pauvreté persistante, alimentée par cette dépendance structurelle, devient alors un outil de contrôle : elle rend les populations manipulables, dépendantes des leaders politiques pour leur survie, et peu enclines à contester le statu quo. « Celui qui contrôle le sac de riz contrôle le vote », dit un adage populaire congolais, illustrant la politisation cynique de la misère.

Conclusion

L'économie de la dépendance constitue l'un des piliers de l'aliénation postcoloniale du Congo. Malgré des tentatives courageuses sous Joseph Kabila pour réorienter l'économie vers une autonomie progressive, les résistances internes et externes sont restées puissantes. Le défi congolais n'est pas simplement économique : il est aussi épistémologique et politique. Il s'agit de sortir de la pensée de la dépendance pour construire un projet souverain de développement, enraciné dans la réalité congolaise et porté par des institutions fortes.

Le **Dodekaprogramme**[6] de Joseph Kabila offre une perspective fondamentale sur ce chemin de refondation nationale. En plaçant l'accent sur la **participation citoyenne**, la **responsabilité politique** et la **planification inclusive**, ce programme va au-delà des simples réformes économiques pour inciter à une **transformation structurelle** de l'État. Il ne se limite pas à une volonté de changement, mais définit les étapes

---

[6] Ce mot provient du grec et signifie un programme fort en douze piliers.

nécessaires à l'émancipation d'un pays qui a longtemps été sous l'emprise de puissances extérieures et de dynamiques internes fragmentées.

Cependant, la mise en œuvre du Dodekaprogramme nécessite un **consensus national** qui, pour l'instant, semble difficile à atteindre. Le blocage politique interne et les divergences idéologiques entre les partis politiques, exacerbées par des intérêts personnels et tribaux, compliquent la mise en place d'une vision commune. C'est pourquoi ce programme, loin d'être une simple feuille de route, doit devenir un **enjeu de reconstruction collective**, une opportunité de dépasser les clivages internes et de définir un futur viable pour le Congo, où chaque citoyen, chaque acteur politique, pourra se sentir partie prenante d'une véritable refondation.

Enfin, il est crucial de souligner que, bien que la question de la souveraineté et de l'autonomie du Congo reste au cœur des débats, l'**engagement collectif** et le **dialogue sincère** entre les différentes forces politiques, sociales et économiques du pays seront des conditions sine qua non pour une transformation durable. L'expérience de Joseph Kabila, en dépit des critiques et des obstacles, demeure un atout précieux. Si le Congo veut réellement briser le cercle vicieux des crises successives, il devra faire preuve d'une volonté politique sans faille et se tourner vers un projet véritablement national. Ce projet devra tenir compte des héritages du passé, tout en intégrant une vision moderne et réaliste de l'avenir, fondée sur des principes de justice, de responsabilité et de respect des droits humains.

Chapitre 4

Joseph Kabila Kabange : Une Modernité en Rupture avec l'Héritage du Chaos

Introduction générale

Dans l'histoire contemporaine de la République démocratique du Congo, la figure de Joseph Kabila Kabange ne peut être comprise sans revisiter les dynamiques historiques qui l'ont précédée. Son accession à la magistrature suprême en 2001, dans des circonstances exceptionnelles marquées par l'assassinat de son père Laurent-Désiré Kabila, a cristallisé autant d'espoirs que de scepticismes. Pour bien saisir l'enjeu de son action politique, il est impératif de remonter à la source du chaos congolais, issu d'une indépendance précipitée, d'un État fictif aux fondations fragiles, d'une dictature longue de plus de trois décennies, et d'un ordre postcolonial qui n'a jamais permis l'émergence d'une gouvernance stable et souveraine. C'est dans ce contexte instable, souvent qualifié de « postcolonial non-résolu », que Joseph Kabila va tenter d'introduire une rationalité politique de type réaliste, parfois silencieuse, mais stratégiquement structurante.

L'indépendance du Congo en 1960 s'est inscrite dans un moment de rupture sans vision. Si elle fut largement symbolique, elle fut aussi foncièrement chaotique, car elle ne reposait sur aucun projet national concerté. Georges Balandier (1955) l'avait prédit avec clairvoyance : la « modernisation » imposée aux sociétés africaines fut souvent « un processus de désarticulation sociale profonde ». Le Congo, jeune nation aux centaines d'ethnies, de langues et de coutumes, allait rapidement devenir l'illustration tragique de cette dislocation. L'assassinat de Patrice Lumumba, la sécession katangaise, les rébellions et les coups d'État ont rendu impossible la consolidation d'un État légitime.

C'est dans ce vide que s'est installée la longue dictature du maréchal Mobutu Sese Seko, de 1965 à 1997. Si le régime mobutiste a pu offrir une forme d'unité territoriale et d'ordre, il l'a fait au prix d'une centralisation autoritaire, d'un pillage systématique des ressources nationales et de la destruction de toute opposition. Le Parti-État, le MPR, incarnait la fusion entre pouvoir personnel et institutionnalisation du clientélisme. Le tribalisme d'État, l'armée comme outil d'intimidation, et l'adhésion forcée au « mobutisme » ont façonné plusieurs générations de citoyens soumis, dépolitisés, appauvris. Le Zaïre de Mobutu, dans sa caricature d'État, est devenu le prototype même d'un État-fantôme : « une fiction bureaucratique qui administre la ruine » (Bayart, 1990).

Lorsque Laurent-Désiré Kabila renverse Mobutu en mai 1997 avec l'appui du Rwanda et de l'Ouganda, la transition espérée vire rapidement au désenchantement. Les promesses de libération sont rattrapées par des conflits d'intérêts, des purges politiques, une guerre régionale et une militarisation des institutions. L'État demeure fragile, les frontières poreuses, les institutions embryonnaires. Kabila père, dans une posture de défi, déclare la souveraineté du Congo, mais s'isole diplomatiquement. Le pays est replongé dans une guerre de basse intensité avec plusieurs pays voisins impliqués, ce qui donnera naissance à la « Deuxième Guerre du Congo » — qualifiée de plus grand conflit africain depuis la Seconde Guerre mondiale.

C'est dans cet effondrement quasi-total des structures de l'État, de la confiance nationale et des capacités institutionnelles qu'émerge la figure de Joseph Kabila Kabange. Nommé président à l'âge de 29 ans après la mort brutale de son père en janvier 2001, Joseph Kabila incarne à la fois la continuité dynastique et une rupture méthodologique. Contrairement à ses prédécesseurs, il ne vient pas du champ idéologique des grands orateurs ou des révolutionnaires romantiques. Il est discret, peu loquace, et préfère l'action diplomatique et la négociation stratégique aux proclamations. Très vite, il comprend que le pouvoir dans un État effondré exige un réalisme sans illusion. D'où une lecture froide, mais lucide des rapports de force internes et externes. C'est dans ce cadre que son style de gouvernance va prendre forme.

Achille Mbembe a écrit dans *Sortir de la grande nuit* que « les héritiers du chaos colonial n'ont jamais cessé de fabriquer les conditions de leur propre naufrage ». Joseph Kabila, dans ce chaos hérité, tente de construire autre chose. Il hérite d'un pays fracturé, militairement occupé à l'Est, administrativement désorganisé, économiquement asphyxié. Il n'est ni un héros charismatique, ni un théoricien politique. Il est l'opérateur silencieux d'une forme de reconstruction républicaine, lente et souvent impopulaire, mais méthodique. Durant ses dix-huit ans au pouvoir (2001–2019), il introduira la première Constitution démocratique, organisera les premières élections multipartites crédibles depuis 1960, placera le Congo sur l'agenda diplomatique international, et favorisera une série de réformes touchant l'armée, la justice, les infrastructures et la diplomatie. Il choisira de ne pas modifier la Constitution en 2019 et cédera le pouvoir pacifiquement à un successeur — fait unique dans l'histoire congolaise contemporaine.

Ce chapitre entend démontrer que Joseph Kabila Kabange ne fut pas simplement un président de transition. Il fut, dans une certaine mesure, la cheville ouvrière d'une modernité institutionnelle en rupture avec les pratiques prédatrices du passé. Son retour en scène politique avec le discours du 23 mai 2025, dans lequel il propose un programme en douze points pour refonder la République, marque non seulement une continuité intellectuelle, mais aussi une prise de parole historique face à un pays replongé dans l'errance. Ce discours, que nous analyserons en profondeur en troisième partie, résonne comme une synthèse critique de ses années de silence et une projection vers une République responsable, inclusive et souveraine.

4.1 La Realpolitik dans un État postcolonial

L'histoire politique de la République Démocratique du Congo est indissociable de la violence des héritages coloniaux, de la brutalité des transitions postcoloniales, et de la manipulation des institutions étatiques au service de stratégies de pouvoir personnelles. Lorsque Joseph Kabila accède au pouvoir en 2001, il hérite non pas d'un État moderne, mais d'un simulacre institutionnel où les fonctions de régulation, de sécurité et de développement ont été systématiquement vidées de leur substance. Dans un tel contexte, gouverner ne peut se faire que par une navigation stratégique entre rapports de force internes et pressions internationales. C'est dans ce cadre que s'impose la notion de **Realpolitik**, empruntée à Otto von Bismarck, et adaptée à la réalité d'un État postcolonial marqué par des conflits récurrents, une économie extractive désarticulée, et une population profondément désillusionnée. Joseph Kabila a la volonté d'aller au-delà du chaos importé et imposé depuis des générations, il déclare : « Ce que vous appelez stabilité, c'est parfois le silence imposé par la peur ou l'habileté de ceux qui ont lu le chaos dans la carte du monde » (Kabila, 2013).

4.2. L'État-fantôme et la légitimité postcoloniale

Jean-François Bayart (1999), en théorisant le concept de **pouvoir néo-patrimonial**, souligne combien les États africains sont souvent des machines clientélistes plus que des appareils rationnels d'administration. Le Congo ne fait pas exception. Kabila hérite d'un pays démembré, soumis à des seigneurs de guerre, où l'autorité centrale ne dépasse guère Kinshasa. Dans ce chaos, il lui faut d'abord **reconstruire les apparences d'un État**. Cela passe par la consolidation militaire, le désarmement progressif des factions armées, et surtout par la **construction d'un équilibre entre forces rivales**, que Castoriadis qualifierait d'**équilibre de la terreur**.

4.3. L'Accord de Sun City : gouverner par la cohabitation

Le premier geste politique fort du Président Kabila fut l'organisation de l'**Accord Global et Inclusif de Sun City (2002)**. Contrairement aux lectures simplistes qui y voient une simple reddition à l'opposition, Kabila comprend que dans un pays éclaté, **la légitimité ne peut venir que d'une négociation entre ennemis**. Ce choix stratégique d'inclusion volontaire, bien que coûteux en efficacité, a permis d'initier une forme de stabilité sans précédent depuis l'assassinat de Lumumba. Cette **Realpolitik congolaise** n'est pas une capitulation morale, mais une condition de survie politique. Comme le souligne Mamdani (2005), dans les contextes postcoloniaux, « la subjectivation politique passe moins par les lois que par la reconnaissance du danger de la fragmentation sociale ». Pour appuyer ceci, Joseph Kabila déclare : « Dans un pays divisé, le pacte vaut plus que la victoire. » — *Joseph Kabila, entretien avec Jeune Afrique, 2007*

4.4 Négocier avec les puissances : Chine, USA, MONUC/MONUSCO

L'approche géopolitique de Joseph Kabila se distingue par une intelligence tactique de l'international. Son **partenariat avec la Chine** pour la construction des infrastructures (échange « minerais contre routes ») fut vivement critiqué par l'Occident, mais permit au Congo de sortir du marasme des aides conditionnées par les Institutions de Bretton Woods. Il a su **manœuvrer entre les pressions de Washington, Pékin, et Bruxelles**, tout en tenant la MONUC/MONUSCO à distance sans pour autant la confronter. Kabila s'inscrit ici dans la lignée des stratèges silencieux, préférant le fait accompli à la confrontation directe. Il soutient sa position en ces mots : « La souveraineté d'un État ne se négocie pas, elle se construit lentement, parfois même contre les conseils des alliés » (Joseph Kabila, *Conférence de presse*, 2010*).*

En ce sens, sa gouvernance relève d'un **réalisme stratégique**, où les idéaux démocratiques sont canalisés par les contraintes du terrain. Il ne cherche pas à plaire, mais à maintenir une cohérence interne et à préserver le Congo comme entité géopolitique viable.

4.5 Gouverner sans idéologie : la puissance discrète, le silence comme posture politique

À la manière de Bismarck, Joseph Kabila s'abstient d'idéologiser son pouvoir. Il comprend que **dans un pays fracturé**, la rhétorique peut diviser plus qu'unir. Il gouverne souvent par le **silence stratégique**, une posture décriée, mais qui fut un **outil d'observation, de délégation, et de maîtrise du timing politique**. Sa décision de ne pas se représenter en 2018, malgré la tentation du pouvoir perpétuel, est perçue par plusieurs analystes comme une **rupture majeure avec le populisme autoritaire** qui caractérise une grande partie du continent. Il applique ainsi la pensée d'un grand penseur africain : « Le silence, parfois, est la seule manière de résister à la violence des mots et à l'usure du pouvoir » (Mbembe, 2000).

Dans un monde politique dominé par l'instantanéité médiatique et l'injonction à la parole constante, le silence peut apparaître comme un déficit de communication, voire une faiblesse. Pourtant, dans le contexte postcolonial congolais, il peut aussi s'interpréter comme un **acte stratégique de gouvernance**. Le Président Joseph Kabila Kabange a fait du silence une **méthode d'action**, un « langage sans mots » qui s'inscrit dans une logique de résistance à la violence symbolique et discursive.

Comme l'a souligné **Hannah Arendt**, « la parole est politique, mais le silence est parfois ce qui précède toute régénération du langage » (*La Crise de la culture*, 1961). Le silence n'est donc pas une absence, mais une **décongestion du**

bruit, un retrait qui prépare l'écoute et la décision. Le silence peut également être lu comme un **mécanisme d'autorégulation**, à la manière du « retrait observant » décrit par **Albert Bandura** dans ses études sur la résilience et l'apprentissage social (*Social Learning Theory*, 1977). Joseph Kabila, en observateur actif, a intégré le désordre post-mobutiste comme une matière à reformuler la place de l'État.

La transition entre 2001 et 2006 fut marquée par une instabilité extrême : conflit militaire interne, fragmentation politique, reconstruction institutionnelle. En refusant l'excès de visibilité, Kabila a pu **renégocier les paramètres de la souveraineté congolaise** sans succomber à la rhétorique populiste.

Sa posture discrète lui a permis de préparer les **réformes de fond**, notamment l'élaboration de la **Constitution de 2006**, laquelle institua un nouveau régime semi-présidentiel, des libertés fondamentales, et une décentralisation politico- administrative. Il s'agissait d'un **leadership par la patience**, dans la lignée de la conception que donne **Paul Ricœur** du politique comme capacité d'« inscrire dans le temps long la parole fondatrice » (*Temps et récit*, 1983). Comme il le déclara lui-même dans un entretien discret en marge du sommet de l'UA à Addis-Abeba (2013), « le bruit gouverne la foule, mais le silence gouverne la durée. »

4.6. Anthropologie de la discrétion et rupture avec le messianisme

Dans une culture politique où les dirigeants ont souvent été perçus comme des figures messianiques et omniprésentes, la pratique du retrait constitue une rupture majeure. Elle relève d'une **anthropologie du pouvoir par la retenue**, où la légitimité ne provient plus de la gesticulation politique mais de la **capacité à stabiliser les institutions par l'invisible.**

Comme le note **Achille Mbembe**, « la politique du postcolony repose sur la mise en spectacle du pouvoir » (*De la postcolonie*, 2000). Kabila, en refusant ce spectacle, **s'est soustrait à la logique du charisme destructeur** pour instituer une forme de gouvernance silencieuse, fondée sur la structure plutôt que sur l'image. C'est ce que souligne encore **James Ferguson** à propos de certains leaderships africains : « Ce qui manque souvent, ce n'est pas la parole, mais le retrait nécessaire à l'action durable » (2006).

Le silence de Joseph Kabila Kabange aide donc à comprendre comme un **instrument de distanciation stratégique,** mais aussi comme un outil de reconfiguration du leadership politique en Afrique centrale. Il déconstruit l'imaginaire du chef omniscient et inaugure un modèle alternatif basé sur **l'observation, l'anticipation et la stabilité institutionnelle.** On croirait retrouver une application de Paul Ricoeur : « Le silence est parfois le seul mot qu'un peuple déchiré entend encore » Paul Ricœur.

4.7 Douze piliers pour une République responsable

4.7.1. Un discours comme aboutissement d'une pensée politique silencieuse

Le **discours du 23 mai 2025** du Président Joseph Kabila Kabange ne constitue pas une simple réaction à la crise nationale, mais bien **l'aboutissement d'un long processus d'observation, de délibération silencieuse et de capitalisation politique.** Il met en scène une parole sobre, résolue, et surtout structurée autour de **douze piliers,** chacun porteur d'un impératif républicain : **restauration de l'État de droit, réconciliation nationale, refondation économique, souveraineté sécuritaire, justice sociale, diplomatie active**. Comme il le déclare dans ce discours : **« Ce n'est pas le pouvoir qui nous définit, c'est ce que nous faisons du pouvoir hérité. »** Cette formule condense une philosophie de l'action, nourrie par l'histoire récente du pays, et propose un dépassement des logiques de capture néopatrimoniale analysées par Jean-François Bayart (*L'État en Afrique*, 1989).

4.7.2. Cohérence entre le passé réformateur et la projection programmatique

Le contenu des **douze piliers** révèle une claire cohérence avec les chantiers déjà amorcés durant ses 18 ans au pouvoir :

1. **Infrastructure** : Réseaux routiers réhabilités, aéroports modernisés, électrification progressive de zones rurales (données ANAPI, 2018).

2. **Institutionnalisation** : Constitution de 2006, indépendance électorale relative (CENI), redéploiement progressif des forces de sécurité.

3. **Diplomatie** : Partenariat sino-congolais (2008), renforcement des relations avec la SADC, G77, et repositionnement face aux puissances occidentales.

Ces éléments donnent au discours une valeur **programmatique et non simplement incantatoire**. Comme l'exprime **Frantz Fanon** dans *Les damnés de la terre* (1961), « chaque génération doit, dans une relative opacité, découvrir sa mission, la remplir ou la trahir ». Kabila propose ici une relance générationnelle fondée sur **la conscience de l'échec collectif et l'urgente responsabilité nationale**.

4.7.3. Une figure littéraire et politique : l'héritier sacrificiel

La figure de Joseph Kabila dans ce discours rappelle ce que **Ngugi wa Thiong'o** a théorisé comme **le porteur des fractures historiques** : celui qui, ayant vécu le feu du chaos postcolonial, choisit de **transformer la mémoire en résistance active** (*Something Torn and New*, 2009). À l'instar de Paul Chamoiseau dans *Texaco* (1992), Kabila parle **non pas pour dominer, mais pour relancer la parole collective**, loin de la logorrhée politique usuelle.

Ce constat confirme les analyses de Crawford Young (*The African Colonial State in Comparative Perspective*, 1994) sur la reproduction des clivages coloniaux, et de Bayart sur les logiques d'appropriation ethnique de l'État. » où l'histoire semble demander à chacun de choisir son rôle.

4.7.4. Une refondation psychopolitique du pacte national

Les **douze piliers** ne sont pas qu'institutionnels : ils appellent à **une transformation intérieure du citoyen congolais**, en insistant sur la mémoire partagée, la paix durable, et la dignité collective.

Kabila évoque la nécessité de dépasser les **clivages tribaux, ethniques et régionaux**, condition essentielle à la refondation d'un **pacte social et politique**. C'est ici que résonne la **hiérarchie des besoins de Maslow** : tant que les besoins de sécurité, d'appartenance et de reconnaissance ne sont pas remplis, la nation ne peut prétendre à l'autonomie politique.

Cette approche rejoint également le philosophe **Felwine Sarr**, qui écrit dans *Afrotopia* (2016) : « Il faut rompre avec la simple répétition de l'histoire coloniale pour inventer une pensée neuve, propre, ancrée dans nos réalités. » Kabila répond à cet appel par une articulation entre **le vécu historique et le projet politique**, un processus de résilience nationale par la responsabilisation collective.

Le discours du 23 mai 2025 est donc **à la fois un testament politique, un manifeste républicain, et une tentative de réconciliation entre passé, présent et avenir**. Joseph Kabila y apparaît comme **le catalyseur d'un nouveau cycle**, ni sauveur providentiel ni simple ancien président, mais comme **l'artisan d'un modèle de reconstruction enraciné dans les contradictions de l'histoire congolaise**.

4.8 Joseph Kabila Kabange : Une Vision de Refondation dans un État en Quête de Responsabilité

Introduction

Dans le contexte chaotique d'un État congolais miné par les héritages coloniaux, les violences armées, la fragmentation institutionnelle et les tensions identitaires, la figure de Joseph Kabila Kabange s'est imposée comme un acteur de rupture et de continuité. Si ses détracteurs n'ont cessé de le présenter comme un président silencieux, distant, voire insaisissable, une analyse rigoureuse de son action politique révèle plutôt une vision méthodique de refondation de l'État. Loin des postures populistes ou clientélistes dominantes dans la sphère congolaise, Joseph Kabila a initié un projet d'État fondé sur trois principes fondamentaux : **la souveraineté responsable, la reconstruction institutionnelle et la projection historique du pays dans la durée**.

Ce sous-chapitre, fondé principalement sur l'ouvrage de Néhémie Mwilanya (*La République démocratique du Congo sous Joseph Kabila*, 2023), ambitionne d'examiner cette vision dans son déploiement concret, ses contradictions et ses apports structurels. Il s'agit non d'idéaliser une figure, mais de rétablir, à travers une documentation précise et une approche interdisciplinaire, ce que représente Kabila dans l'histoire contemporaine du Congo. En cela, son action ne peut être dissociée de ce que Paul Ricœur appelle **l'éthique de la responsabilité** : « agir de telle sorte que les conséquences de ton action puissent être assumées par tous » (Ricoeur, 1990).

4.8.1 La vision politique de Joseph Kabila : refonder l'État plutôt que gouverner dans l'urgence

L'arrivée de Joseph Kabila à la tête de l'État en janvier 2001, après l'assassinat de son père Laurent-Désiré Kabila, s'est faite dans un contexte d'effondrement quasi-total de l'État. Le pays, morcelé par les rébellions, envahi par plusieurs armées étrangères, n'avait plus de direction cohérente. Kabila fils hérite alors d'un pays que d'aucuns décrivaient comme un **« non- État »**, selon les termes de Jean-François Bayart (Bayart, 2006).

Mais loin d'agir dans l'émotion ou la réaction immédiate, Joseph Kabila opte pour une stratégie de long terme. Comme le note Mwilanya, **« dès les premiers mois, il engage le pays dans un processus de paix global qui se conclura avec le Dialogue intercongolais de Sun City en 2002 »** (Mwilanya, 2023, p. 89). Ce dialogue ne fut pas simplement un compromis politique. Il posait les jalons d'un nouvel imaginaire national reposant sur l'unité, la souveraineté et la réconciliation. À travers ce processus, Kabila entérine une conception du pouvoir comme **construction collective** et non comme captation dynastique.

Cette démarche se prolonge par l'organisation, pour la première fois depuis 1965, **d'élections démocratiques et**

pluralistes en 2006, un acte fondateur qui engage le pays dans une dynamique de légitimité institutionnelle. Or, comme l'affirme avec force Georges Balandier, « ce qui fonde un pouvoir dans l'Afrique postcoloniale, c'est moins la force que la capacité à symboliser un ordre nouveau » Balandier, 1992). Joseph Kabila incarne alors ce nouvel ordre, à travers le respect des délais constitutionnels, la décentralisation administrative, la création d'institutions indépendantes (Cour constitutionnelle, Commission électorale nationale indépendante), et la promotion d'un cadre juridique adapté.

Dans sa gouvernance, on retrouve l'influence d'une pensée de la retenue : **refuser l'excès du verbe pour mieux faire parler les faits**. Ce style, souvent critiqué par les médias, témoigne pourtant d'une **éthique d'austérité**, qui tranche avec les théâtralisations du pouvoir congolais post-Mobutu.

4.8.2 La vision d'un Congo souverain et moderne : le Dodekaprogramme comme horizon stratégique

Au cœur de l'héritage politique de Joseph Kabila Kabange se trouve un legs souvent méconnu mais fondamental : une vision organique de la reconstruction de l'État congolais à travers ce que nous appelons aujourd'hui le *Dodekaprogramme*, ou programme en douze piliers. Ce programme, présenté officiellement le 23 mai 2025 lors d'un discours devenu historique, constitue bien plus qu'un simple manifeste politique. Il est, dans sa structure et sa finalité, une tentative audacieuse de réenraciner l'action publique dans les besoins concrets des populations tout en inscrivant le Congo dans les dynamiques contemporaines de souveraineté, de développement et de dignité nationale.

4.8.3 Une réponse à la crise de l'État postcolonial

Le Dodekaprogramme ne surgit pas dans un vide. Il s'inscrit dans un contexte de crise multidimensionnelle de l'État congolais, hérité du colonialisme et aggravé par la gouvernance post-indépendance. Georges Balandier évoquait déjà, dans les années 1950, les contradictions du « pouvoir en Afrique » confronté à une modernité imposée de l'extérieur (Balandier, 1955). Kabila, dans une posture politique mûrie par l'expérience, a compris que cette crise nécessitait non pas une réforme superficielle mais une réingénierie de l'État. Les douze piliers – sécurité, éducation, infrastructures, justice, diplomatie, agriculture, santé, décentralisation, culture, économie, environnement et mémoire collective – traduisent une logique de refondation systémique, pensée sur le long terme.

Dans une lecture anthropologique du pouvoir, le Dodekaprogramme tente de répondre à ce que Achille Mbembe nomme la « déconnexion entre l'État et les attentes populaires » (Mbembe, 2000). Il redonne à l'État une fonction protectrice, pédagogique et prospective, rompant avec les logiques rentières et clientélistes qui gangrènent l'appareil public.

4.8.4 Une éthique de la responsabilité au cœur du projet

Le programme repose sur une exigence éthique forte. Paul Ricœur nous enseigne que « la responsabilité consiste à répondre de ses actes devant autrui » (Ricoeur, 1995). Kabila renverse ici la logique accusatoire habituelle : au lieu de dénoncer indéfiniment les erreurs du passé, il appelle chaque acteur, gouvernants, citoyens, partenaires, à prendre part à la reconstruction sur la base de responsabilités clairement définies.

Cette responsabilité s'exprime notamment dans la volonté de faire de l'éducation un levier stratégique. À travers ce pilier, le programme entend créer une nouvelle élite congolaise, formée aux défis locaux et globaux. De même, en plaçant la mémoire collective au centre du dispositif, il répond à une exigence de réconciliation nationale par la reconnaissance des douleurs partagées et l'écriture d'un récit commun.

4.8.5 Modernisation sans aliénation : vers un développement endogène

Contrairement aux plans d'ajustement structurel imposés de l'extérieur, le Dodekaprogramme opte pour une modernisation à partir des forces internes du pays. Ce que Frantz Fanon appelait « le développement par les masses » (Fanon, 1961) trouve ici un écho. En valorisant les richesses locales (agriculture, culture, énergies renouvelables, savoirs endogènes), Kabila propose une alternative aux modèles de développement extractivistes et dépendants.

Dans le domaine économique, cela se traduit par une volonté de passer d'une économie de rente minière à une économie productive et inclusive. Le pilier sur l'environnement, quant à lui, témoigne d'une prise de conscience écologique rare chez les dirigeants africains, anticipant les grands débats contemporains sur la transition verte et la justice climatique.

4.8.6 Une diplomatie souveraine dans un monde multipolaire

Kabila, souvent caricaturé comme un président silencieux, a en réalité porté une vision de la diplomatie fondée sur la souveraineté et le respect mutuel. Le pilier diplomatique du programme réaffirme le droit du Congo à définir ses priorités en fonction de ses intérêts propres, et non sous la dictée d'agendas internationaux.

Comme l'affirme Mahmood Mamdani, l'Afrique ne peut continuer à « importer des solutions » sans reconstruire ses propres institutions (Mamdani, 1996). Le Dodekaprogramme, en ce sens, offre une plateforme crédible pour repositionner le Congo sur la scène africaine et mondiale comme acteur, et non plus comme simple objet de décisions extérieures.

Dans cet esprit, Joseph Kabila a su multiplier les alliances stratégiques sans jamais renier l'autonomie congolaise. Qu'il s'agisse de renforcer les liens avec les BRICS, d'affirmer la voix congolaise dans les sommets africains, ou de défendre la neutralité active du pays face aux grandes rivalités géopolitiques, sa diplomatie s'est distinguée par une discrétion efficace et une constance visionnaire. Cette approche, que certains appellent désormais le *réalisme souverain congolais*, s'oppose aux diplomaties clientélistes qui bradent les ressources et la dignité du pays pour des appuis à court terme. Elle constitue l'un des fondements d'un Congo maître de son destin, porteur d'une parole indépendante et capable d'influencer la redéfinition d'un ordre mondial plus juste, multipolaire et réellement inclusif.

4.8.7 Une pédagogie de la paix et de la justice

Dans un pays marqué par des décennies de guerre, d'impunité et de manipulation ethnique, le pilier consacré à la justice constitue un tournant. Il ne s'agit pas simplement d'éteindre les conflits, mais d'instaurer une culture de justice équitable, accessible et indépendante. Ce pilier répond à ce que Didier Fassin appelle la nécessité de « démocratiser la justice » (Fassin, 2018).

Le pilier de la sécurité, trop souvent perçu de manière militariste, est ici redéfini comme sécurité humaine : protection de la vie, de la dignité, des droits, et des conditions minimales d'existence.

Dans cette optique, le Dodekaprogramme inscrit la paix comme un processus éducatif et civique, dépassant la simple absence de guerre. Il s'agit de construire une mémoire collective apaisée, d'enseigner l'histoire sans haine, de promouvoir la médiation communautaire et de valoriser les mécanismes traditionnels de résolution des conflits. Comme le suggère John Paul Lederach dans *The Moral Imagination* (2005), la paix durable exige une imagination éthique, capable de relier le passé traumatique à un avenir partagé. Cette pédagogie de la paix vise à désamorcer les cycles de vengeance, à désactiver les récits victimaires instrumentalisés, et à faire de chaque citoyen un acteur de cohésion sociale. En cela, le Dodekaprogramme dépasse le cadre institutionnel : il propose un nouveau pacte social et une éthique publique fondée sur la reconnaissance mutuelle, la vérité et la dignité humaine.

4.9 Vers une refondation nationale inclusive

Le Dodekaprogramme dépasse l'idéologie partisane. Il s'agit d'une charpente intellectuelle, administrative et politique autour de laquelle pourrait se reconstruire une nation inclusive. Jean-François Bayart avait insisté sur l'importance de la « longue durée » dans la construction étatique en Afrique (Bayart, 2006). Le programme de Kabila embrasse cette temporalité : il ne cherche pas des effets immédiats pour plaire à l'opinion, mais un socle pour plusieurs générations.

Kabila y invite tous les segments de la société – jeunesse, femmes, diasporas, communautés traditionnelles – à devenir co-acteurs de cette transformation. C'est ici que le programme prend une dimension pédagogique : il ne prescrit pas, il appelle à l'intelligence collective.

Cette dimension inclusive confère au Dodekaprogramme une légitimité transversale, capable de transcender les clivages régionaux, ethniques et sociaux qui ont historiquement fragmenté le tissu national congolais. En valorisant les initiatives communautaires, les savoirs endogènes et les formes locales d'organisation, il épouse ce que Boaventura de Sousa Santos nomme « l'écologie des savoirs » (Santos, 2007) : une reconnaissance que la construction nationale ne saurait être l'apanage d'une élite technocratique, mais le fruit d'une coproduction entre État et société. Cette posture renforce la résilience démocratique, tout en réhabilitant la capacité du peuple congolais à inventer ses propres chemins vers la paix, le développement et la souveraineté. Le Dodekaprogramme devient ainsi non seulement une vision politique, mais un instrument d'émancipation populaire.

Conclusion : Du programme au pacte national

Le Dodekaprogramme est donc bien plus qu'un programme. Il est une vision, un pacte, une tentative de réenchantement de la politique dans un Congo en quête de sens. Sa cohérence, son enracinement et sa lisibilité en font une base incontournable pour tout projet de refondation. Son élaboration, dans une période de retrait politique de son auteur, lui confère une valeur rare : celle de la lucidité post-gouvernementale, exempte de calcul électoral immédiat.

Ce chapitre appelle à la reconnaissance de cette vision. Non pas comme un retour nostalgique, mais comme une ouverture vers une nouvelle phase : celle où les Congolais, ensemble, reprennent possession de leur destin.

Dans un contexte mondial marqué par la désillusion démocratique, la polarisation idéologique et l'érosion de la confiance dans les élites, le Dodekaprogramme offre une rare occasion de bâtir un pacte social enraciné dans les réalités congolaises tout en dialoguant avec les exigences de la modernité globale. Il articule la mémoire des luttes passées, les urgences du présent et les espérances de l'avenir dans un langage accessible, mobilisateur et profondément politique. En cela, il ne s'impose pas comme un simple outil technocratique, mais comme un texte fondateur capable de réinitialiser la relation entre l'État et la société. Il appelle à la fois à la responsabilité collective et à l'éveil des consciences, rappelant que refonder le Congo ne se fera ni dans l'imitation, ni dans la fuite, mais dans l'audace d'un projet partagé.

Conclusion du Chapitre 4 : Joseph Kabila Kabange, Une Modernité en Rupture avec l'Héritage du Chaos

Dans l'histoire contemporaine du Congo, **Joseph Kabila Kabange** émerge comme **la cheville de la modernité**, non pas une modernité mimétique et importée, mais une modernité politique enracinée dans les failles de l'État postcolonial. Entre silence et présence, entre retrait stratégique et affirmation programmatique, sa trajectoire incarne **une tentative de dépassement du chaos hérité de 1960**. Ni héros mythifié ni dictateur honni, il occupe **la position singulière d'un artisan du réformisme pragmatique**, à la croisée de la gouvernance par la Realpolitik et du souci d'un retour au pacte républicain.

Dans un pays marqué par les violences symboliques et réelles, les exclusions communautaires et les échecs répétés de transformation institutionnelle, la démarche de Kabila constitue **une logique de résilience** fondée sur le calcul des rapports de force, mais également sur **la reconstruction silencieuse de l'autorité**. Ses discours – notamment celui du 23 mai 2025 – apparaissent comme **des kairos politiques**, des moments où l'histoire s'arrête pour réévaluer ses trajectoires.

Ainsi, **la Realpolitik kabiliste**, loin de se réduire à une posture de ruse ou de repli, devient **une voie d'émergence d'un leadership d'un nouveau genre**, soucieux de la mémoire, conscient des rapports géopolitiques, mais résolu à inscrire **le Congo dans une logique de responsabilité collective**.

Il apparaît alors que Joseph Kabila Kabange n'a pas simplement gouverné : il a patiemment réorganisé les fondations du politique, dans un contexte hostile, sous l'œil sceptique d'une communauté internationale souvent plus soucieuse de contrôle que de partenariat. En mettant en avant le Dodekaprogramme dans une période de retrait apparent, il a inversé la logique habituelle du pouvoir en Afrique : au lieu d'épuiser sa parole pour gouverner, il a préféré inscrire sa vision dans le temps long, permettant à l'action de parler pour lui. Cette démarche s'inscrit dans une anthropologie du leadership africain renouvelée, où l'efficacité prime sur la rhétorique, et où l'horizon de l'action n'est pas la réélection, mais la refondation.

À la lumière de ce chapitre, Kabila ne peut être réduit à une simple figure présidentielle ; il est le concepteur d'un espace symbolique et stratégique pour penser l'avenir du Congo. Il a fait le choix de ne pas réagir aux provocations politiques immédiates, mais de construire une architecture de gouvernance qui transcende les cycles électoraux. En cela, il rejoint les grandes figures de la reconstruction silencieuse – celles qui, dans l'histoire des nations, ont su jeter les bases de transformations durables en misant sur l'intelligence collective, la mémoire des blessures et la promesse d'un destin retrouvé. Le Dodekaprogramme, tel que présenté dans cet ouvrage, en est l'héritage vivant.

Ce chapitre aura permis de comprendre que **la figure de Joseph Kabila Kabange** est inséparable des défis congolais contemporains. Il symbolise à la fois **la continuité d'un État en recomposition et la rupture nécessaire pour refonder le politique** à partir d'un projet partagé.

Chapitre 5
Les Miroirs Trompeurs de la Modernité

5.1 L'imitation sans intégration des modèles étrangers

5.1.1. Modernité mimétique et rupture identitaire

Dans l'histoire postcoloniale du Congo, l'élite politique et administrative a souvent tenté de reproduire des structures étatiques venues d'Europe, en particulier du modèle français jacobin. L'administration centralisée, la langue unique, les codes vestimentaires et même les projets urbains reflétaient une volonté d'imiter l'ancien colonisateur. Or, comme l'écrit Ngugi wa Thiong'o, « l'imitation sans maîtrise mène à la servitude intellectuelle » (Décoloniser l'esprit, 1986). Cette modernité mimétique a exclu les couches populaires, marginalisant les langues nationales, les savoirs traditionnels et les formes d'organisation communautaire.

Ce processus d'imitation a profondément fragmenté l'identité nationale, créant une élite déconnectée du vécu populaire et des institutions incapables de répondre aux réalités locales. Les structures importées se sont heurtées à des logiques sociales enracinées, générant un double discours : un État officiellement moderne mais en pratique informel et clientéliste. Achille Mbembe, dans *Sortir de la grande nuit* (2010), rappelle que « l'Afrique postcoloniale est restée prisonnière de formes étatiques héritées, mal digérées, souvent inadaptées à ses rythmes sociaux profonds. » Cette disjonction a engendré un sentiment d'aliénation culturelle et politique, rendant urgente l'invention d'une modernité enracinée, capable de faire dialoguer le passé, le présent et l'imaginaire collectif. Le Dodekaprogramme de Joseph Kabila s'inscrit précisément dans cette volonté de rupture, en réhabilitant les structures communautaires, les langues locales, et la territorialisation de la gouvernance.

5.1.2. L'État importé contre l'État incarné

Selon Jean-François Bayart, « l'État importé » en Afrique francophone repose sur une transposition artificielle des institutions occidentales, sans prendre en compte les dynamiques historiques locales (*L'État en Afrique*, 2006). Le Congo a hérité de cette approche. En construisant un État sans prise réelle sur le tissu social, les institutions sont restées faibles, et leur légitimité a toujours été contestée, notamment dans les zones rurales.

Le Président Joseph Kabila, conscient de ce divorce, a initié plusieurs réformes d'appropriation : décentralisation constitutionnelle (2006), reconnaissance des autorités coutumières, intégration des langues nationales dans certaines politiques éducatives. Mais ces tentatives ont été ralenties par une technocratie formée à l'étranger, souvent déconnectée du terrain.

5.1.3. Le fétichisme des infrastructures

Dans l'imaginaire modernisateur congolais, construire des routes, des immeubles, des ponts suffit à prouver la modernité d'un État. Le régime de Mobutu, par exemple, avait misé sur de grands projets comme le barrage d'Inga ou la Cité de la Voix du

Zaïre. Or, comme le note James Ferguson à propos de l'Afrique, « les projets de développement échouent quand ils ne s'intègrent pas dans les besoins locaux » (*The Anti-Politics Machine*, 1990).

Joseph Kabila a poursuivi des projets d'infrastructures, mais avec un souci croissant d'ancrage : écoles rurales, centres de santé de proximité, routes reliant les bassins de production aux marchés. Il affirmait en 2011 : « Une route n'est pas moderne parce qu'elle est goudronnée, mais parce qu'elle relie un peuple à sa terre. »

5.1.4. Le modèle chinois : une autre forme d'aliénation ?

Dans les années 2000, la RDC s'est tournée vers la Chine pour ses projets d'infrastructures, à travers le célèbre « contrat chinois » signé en 2008. Présenté comme une alternative au néocolonialisme occidental, ce partenariat n'a pas échappé aux logiques d'exploitation unilatérale. Des critiques ont dénoncé le manque de transparence, la faible insertion des entreprises locales, et l'absence de transferts technologiques durables (Marysse et Geenen, *L'Afrique des Grands Lacs*, 2009).

Kabila, bien qu'à l'origine du contrat, a reconnu en 2018 que « la souveraineté économique ne se négocie pas à n'importe quel prix. Elle se construit ». Une volonté de réévaluation du partenariat était amorcée à la fin de son mandat.

Cette prise de conscience tardive souligne une tension fondamentale entre pragmatisme diplomatique et souveraineté nationale. Si le modèle chinois a pu apparaître comme une solution de contournement face aux conditionnalités occidentales, il a néanmoins reproduit, sous d'autres formes, des asymétries structurelles typiques des rapports Nord-Sud. La logique extractive, la dépendance aux financements extérieurs et la faible appropriation locale des projets ont conduit à une nouvelle forme d'aliénation technocratique. Comme l'explique Jean-François Bayart dans *L'Afrique dans le monde* (2010), « l'autonomie ne se décrète pas ; elle se construit à travers la capacité à articuler les dépendances ». Le Dodekaprogramme, en revalorisant les capacités locales, les normes endogènes et la maîtrise stratégique des partenariats, ouvre une voie alternative à ces logiques répétitives de soumission masquée sous l'étiquette de coopération.

5.1.5. La modernité numérique sans souveraineté technologique

Enfin, l'entrée dans l'ère numérique a été perçue comme une panacée par les élites congolaises : réseaux sociaux, digitalisation des administrations, e-learning, etc. Mais sans infrastructure locale solide, ni souveraineté technologique, ces outils restent dépendants de serveurs étrangers, de géants technologiques américains ou chinois.

Joseph Kabila a soutenu la création de centres de données, de formations informatiques pour les jeunes, et la cyber- surveillance des ressources minières. Toutefois, le manque de coordination interinstitutionnelle et de stratégie nationale cohérente a limité la portée de ces initiatives.

Cette dépendance numérique, qui confine à une forme de néocolonialisme technologique, empêche le Congo de transformer le digital en levier de souveraineté. Comme l'explique Evgeny Morozov dans *The Net Delusion* (2011), la technologie sans stratégie politique renforce les systèmes de contrôle et non d'émancipation. En l'absence d'une infrastructure souveraine, la numérisation devient un miroir aux alouettes : illusion de progrès, mais réelle dépossession des données, de l'identité numérique, et de la sécurité informationnelle. Le Dodekaprogramme, en intégrant une réflexion sur la gouvernance numérique, appelle à un saut qualitatif vers une indépendance technologique structurée, où la technologie n'est pas simplement consommée, mais pensée, produite et protégée sur le sol congolais.

5.2 – Le piège des concepts décontextualisés Introduction

Dans le chantier de la refondation congolaise, l'un des obstacles les plus insidieux demeure l'importation de concepts sans ancrage dans les réalités locales. La pensée politique africaine postcoloniale a trop souvent été contrainte de s'exprimer dans les langages imposés par d'autres civilisations, d'autres histoires, d'autres géographies. Ainsi, les mots qui structurent l'espace public et les projets de gouvernance semblent parfois flotter, sans racines ni cohérence, dans le quotidien des populations. Cette section interroge la manière dont la République démocratique du Congo a intégré des notions occidentales sans les recontextualiser, et comment le Dodekaprogramme propose une voie alternative, fondée sur la congruence entre les termes et les vécus.

5.2.1. Des mots imposés, des réalités niées

L'après-indépendance congolais a vu émerger un lexique politique imposé par l'Occident : démocratie, société civile, État de droit, alternance, bonne gouvernance autant de concepts aux accents universels, mais souvent vidés de leur substance dans leur application locale. La réception de ces notions s'est heurtée à une absence de racines culturelles et historiques congolaises dans leur formulation, générant un usage cosmétique, parfois cynique.

Comme le rappelle Paulin Hountondji, « les concepts importés deviennent des fétiches intellectuels quand ils sont récités sans maîtrise, ni critique de leur pertinence contextuelle » (2007). En RDC, les discours politiques regorgent de ces termes, mais leurs implications pratiques restent floues, voire inexistantes dans la vie quotidienne des citoyens.

Hountondji appelle ainsi à une « reconquête épistémologique », où les peuples ne se contenteraient plus de consommer des théories venues d'ailleurs, mais deviendraient producteurs de sens en phase avec leurs propres trajectoires historiques. Appliquée au Congo, cette exigence implique de repenser les catégories de la démocratie à partir des formes locales de délibération, de revisiter la notion d'État de droit à partir des réalités coutumières, ou encore de redéfinir la société civile non comme un copier-coller des ONG occidentales, mais comme un espace d'expression enraciné dans les dynamiques communautaires. Le Dodekaprogramme de Joseph Kabila rompt avec ces emprunts stériles : il propose un lexique d'action fondé sur les urgences nationales, les intelligences collectives et les imaginaires populaires. Il ne traduit pas un modèle ; il élabore une grammaire congolaise du développement.

5.2.2. La démocratie électorale comme rituel sans substance

Le système démocratique instauré en RDC, notamment à partir de la Constitution de 2006, repose sur des élections multipartites. Toutefois, dans une société marquée par des réseaux clientélistes, l'analphabétisme politique, et des institutions fragiles, les élections ont souvent été perçues comme des moments de redistribution ou de survie, et non d'expression rationnelle de la volonté populaire.

Joseph Kabila, élu en 2006 puis en 2011, a gouverné dans ce paradoxe : faire vivre une démocratie électorale dans un pays où l'État peine à assurer l'intégrité du territoire, où les partis sont des coquilles personnelles, et où les campagnes se basent davantage sur les appartenances identitaires que sur les idées.

Il tenta d'y remédier par plusieurs dispositifs :

1. **La CENI (Commission Électorale Nationale Indépendante)** fut renforcée, bien qu'elle ait été régulièrement accusée de partialité.

2. **L'introduction de la carte d'électeur biométrique** et des formations des agents électoraux visaient à professionnaliser le processus.

3. Il mit sur pied en 2011 un cadre légal sur le financement public des partis, resté peu effectif dans la pratique.

Mais comme le souligne Jean-Pierre Olivier de Sardan, « on peut calquer des institutions, mais on ne peut importer le substrat social qui leur donne vie » (1995).

5.2.3. L'État de droit : entre slogans et réalités du pouvoir

Autre concept souvent brandi : l'État de droit. Dans le contexte congolais, cette notion est souvent utilisée pour légitimer l'action répressive ou pour donner une façade légale à des pratiques clientélistes. Les institutions judiciaires, faibles, corrompues ou instrumentalisées, rendent la justice imprévisible, souvent soumise aux rapports de force.

Joseph Kabila, face à ce constat, tenta des réformes :

1. Il fit voter la loi sur la réforme du Conseil Supérieur de la Magistrature en 2013 pour garantir une certaine autonomie de la justice.

2. Il initia la formation de centaines de nouveaux magistrats.

3. Il renforça le rôle de la Cour des comptes et de l'Inspection Générale des Finances.

Mais ces efforts furent largement contrecarrés par l'absence d'un appareil administratif stable, l'ingérence des réseaux politiques, et une faible culture de la reddition des comptes.

Comme le remarque Jean-François Médard, « le néo-patrimonialisme rend impossible l'État de droit, car la loi s'incline devant la loyauté » (1990).

5.2.4. La société civile comme décor d'ONG

La société civile est souvent décrite comme le socle d'une démocratie participative. Mais en RDC, elle reste majoritairement dépendante de financements extérieurs et sujette à de nombreuses manipulations politiques. Plusieurs ONG locales sont créées par des hommes politiques pour accéder aux fonds internationaux. Cela donne lieu à une société civile éclatée, plus préoccupée par sa survie institutionnelle que par l'émancipation populaire.

Face à cela, Kabila a adopté une position ambivalente. Il toléra certaines associations critiques, tout en en favorisant d'autres qu'il finançait indirectement. Il créa par ailleurs, avec l'appui de l'UNESCO, le programme d'Éducation à la Paix et aux Valeurs Républicaines en 2013, destiné à former une société civile plus indépendante. Ce programme fut lancé dans plusieurs universités mais peina à durer, faute de financement stable.

5.2.5. L'exemple du concept de « bonne gouvernance »

Enfin, la « bonne gouvernance » est un concept phare des bailleurs internationaux. Mais en RDC, le terme a souvent été récupéré pour justifier des mesures d'austérité imposées par le FMI, sans bénéfices réels pour la population. Joseph Kabila s'est montré critique vis-à-vis de certaines injonctions des partenaires occidentaux, estimant qu'elles ne tiennent pas compte des réalités internes.

Dans un discours prononcé à Addis-Abeba en 2016, il affirmait : « Une gouvernance imposée sans enracinement ne sera jamais bonne. Elle devient oppression. »

Cette critique de la « bonne gouvernance » révèle en profondeur le décalage entre les prescriptions globales et les dynamiques endogènes. Derrière une apparente neutralité technique, le concept a souvent été porteur d'une vision hiérarchique du monde, où les pays du Sud doivent se conformer à des standards définis ailleurs, au risque de sacrifier leurs priorités nationales. En cela, Joseph Kabila introduit une rupture méthodologique en appelant à une gouvernance située, contextualisée, dialogique. Le Dodekaprogramme ne rejette pas les principes universels de transparence ou de reddition des comptes, mais il les inscrit dans un écosystème institutionnel et culturel propre au Congo. Il s'agit de faire émerger une « gouvernance juste », c'est-à-dire une gouvernance qui soit légitime, comprise, partagée – non dictée.

5.3 L'imitation sans intégration des modèles étrangers

L'histoire politique de la République Démocratique du Congo est jalonnée d'un paradoxe fondateur : celui d'une modernité mimétique. Dès l'indépendance, les élites congolaises ont tenté de reproduire des modèles institutionnels importés sans véritablement interroger leur adéquation aux dynamiques sociales et culturelles locales. Ce mimétisme structurel, loin de constituer un socle pour l'émergence d'un État moderne, a souvent généré des systèmes hybrides où la forme occidentale cache un fond profondément fragmenté et inadapté.

Jean-François Bayart l'explique avec acuité lorsqu'il parle de la « politique par le bas », une manière de gouverner dans les sociétés postcoloniales où les dispositifs formels d'État servent davantage d'habillage que de structure fonctionnelle. Il note : «
La greffe des institutions importées, en l'absence d'un ancrage sociétal profond, produit un simulacre étatique » (Bayart, 2008, p. 247). Cette critique s'applique parfaitement au Congo où, après l'indépendance, les modèles parlementaires et présidentiels ont été adoptés sans l'infrastructure administrative et la culture politique qui leur donnent sens.

Frantz Fanon, dans *Les Damnés de la Terre*, mettait déjà en garde contre ce danger : « L'Occident a ses modèles, mais nos sociétés ont leurs propres fondations. Nous ne devons pas copier les structures des anciens maîtres sans les réinterpréter dans nos réalités » (Fanon, 1961, p. 159). Pourtant, au Congo, on a souvent assisté à une importation mécanique des dispositifs institutionnels, au détriment d'une invention politique adaptée.

Cette imitation, qu'elle touche le multipartisme, les plans économiques ou les politiques éducatives, a souvent été guidée par le souci de satisfaire aux injonctions des bailleurs internationaux plutôt que de répondre aux aspirations profondes du peuple congolais. On retrouve ici ce que Jean Copans appelle une « modernité administrative d'exportation », où les codes sont reproduits sans que les besoins locaux soient consultés (Copans, 1990).

En matière économique, les plans d'ajustement structurel imposés par les institutions financières internationales dans les années 1980-1990 ont été acceptés sans débat, adoptés comme des vérités absolues. Leur échec, retentissant, a mis à nu l'inadéquation entre ces modèles et le tissu socio-économique congolais. Les élites, loin de remettre en cause ce mimétisme, s'en sont accommodées, profitant de la confusion pour maintenir des pratiques clientélistes enracinées dans des logiques néo- patrimoniales.

En somme, cette section met en lumière un phénomène profondément délétère : l'illusion de la modernité par reproduction. Une modernité sans fondement local est un leurre dangereux, car elle entretient l'illusion du progrès tout en générant des systèmes de gouvernance inefficaces, voire toxiques.

5.4 Le piège des concepts décontextualisés

La modernité congolaise souffre d'un mal plus subtil que l'imitation visible des structures étrangères : elle s'est rendue prisonnière d'un langage politique et institutionnel hérité, réinvesti sans en redéfinir le sens. Les concepts tels que *démocratie*, *développement durable*, *société civile*, *droits humains*, ou encore *bonne gouvernance*, sont devenus des mots- valises dans le champ politique congolais. Or, ces mots, coupés de leur contexte d'origine comme de leur ancrage local, finissent par devenir des coquilles vides, recyclées dans les discours sans transformer les pratiques.

Achille Mbembe, dans *De la postcolonie*, analyse ce processus avec lucidité : « Le langage politique postcolonial est un langage de contrefaçon. Il imite les discours de l'universalité tout en les détournant de leur intention normative » (Mbembe, 2000, p. 105). Dans ce paradigme, la démocratie devient un spectacle électoral vidé de sa fonction de représentativité. Le multipartisme, une multiplication de partis-fantômes destinés à négocier des alliances opportunistes. La société civile, un réseau d'ONG clientélistes vivant de financements extérieurs.

L'importation des concepts devient ainsi une forme d'aliénation cognitive. Médard (1991) parle à juste titre de *mimétisme institutionnel*, une transposition mécanique des normes occidentales dans des milieux où elles ne trouvent pas de sol fertile. « L'appropriation des concepts importés se fait souvent par simple répétition, non par réinvention créative. Cela crée un univers normatif schizophrène où les mots existent mais ne produisent pas d'effets » (Médard, 1991, p. 119).

Ce phénomène est renforcé par la dépendance chronique du pays aux aides extérieures. Les gouvernants se retrouvent à utiliser ces concepts comme des marqueurs de conformité, pour sécuriser des financements, obtenir la reconnaissance des institutions internationales, et valider leur position à l'étranger, sans jamais réellement les ancrer dans un projet national. Comme le note Chabal et Daloz : « Le discours de la bonne gouvernance est largement performatif dans l'Afrique postcoloniale ; il ne reflète pas la réalité, il la masque » (Chabal & Daloz, 1999, p. 42).

Cette logique va jusqu'au cœur des réformes éducatives, judiciaires et économiques du Congo. Par exemple, dans l'enseignement supérieur, la terminologie du système LMD

(Licence-Master-Doctorat) a été adoptée sans former le corps professoral, sans infrastructure numérique adéquate, ni contenu adapté. Résultat : une réforme désincarnée, qui n'a fait qu'aggraver les disparités entre institutions et régions.

Dans le champ des droits humains, la situation est tout aussi préoccupante. Tandis que le pays multiplie les engagements internationaux, les violations se poursuivent dans l'impunité. On assiste à une sorte de dissociation entre la parole et l'action, entre le concept et la réalité vécue (Kaputu, . Didier Fassin (2010) dans *La raison humanitaire*, dénonce ces formes d'« hypocrisie institutionnelle », où les discours de protection deviennent des outils d'exclusion ou de contrôle. Il écrit : « L'humanitaire, quand il est vidé de sa capacité critique, devient un outil de domination soft » (Fassin, 2010, p. 34).

La difficulté du Congo réside dans cette dissonance cognitive : les concepts modernes sont utilisés comme signes de reconnaissance internationale, mais ils ne prennent jamais corps dans la pratique quotidienne. Cette fracture renforce une gouvernance symbolique sans légitimité, où l'État se dérobe derrière des mots, et non derrière des actes.

En définitive, la modernité langagière du Congo est une illusion de surface, une façade conceptuelle qui ne reflète pas les réalités du terrain. Elle produit un savoir politique hors-sol, inopérant et souvent complice de la stagnation.

5.5 Une société sans projet culturel propre

L'une des dimensions les plus délétères du mal congolais contemporain réside dans l'absence d'un projet culturel national structurant. À mesure que les élites politiques et économiques ont embrassé des formes exogènes de modernité, souvent mimées, la société congolaise s'est trouvée privée de repères culturels cohérents. Il ne s'agit pas ici de dénoncer l'influence de l'extérieur en soi — toute culture est par essence traversée d'échanges — mais bien de souligner que la modernité congolaise s'est construite sans boussole symbolique propre, dans un désert de récits, de valeurs et de significations collectivement assumés.

Georges Balandier, dans *Le Désordre* (1988), pointait déjà la vacuité symbolique dans laquelle les sociétés postcoloniales étaient plongées après les indépendances : « Les indépendances ont été proclamées sur fond de silence culturel ; elles furent politiques mais non culturelles. » (Balandier, 1988, p. 47). La RDC, après 1960, s'est dotée d'un drapeau, d'un hymne et de devises, mais a échoué à construire un récit national capable de fédérer ses multiples peuples, langues et mémoires. Le projet de « recours à l'authenticité » sous Mobutu, malgré ses dérives, témoignait au moins d'un effort de (re)création identitaire. Cet effort a sombré avec le régime, sans que rien ne le remplace.

Or, toute société a besoin de récits fondateurs pour survivre au chaos des événements. Paul Ricoeur (1991) insistait sur le rôle de la *mise en intrigue* pour créer du sens historique : « L'identité d'un peuple se construit dans les récits qu'il se donne à lui-même sur ce qu'il fut, ce qu'il est, et ce qu'il veut devenir » (Ricoeur, *Temps et récit*, 1991, p. 351). En RDC, la narration nationale est fragmentée, disputée, voire étouffée. Chaque province, chaque ethnie, chaque parti politique raconte sa propre histoire, dans un éclatement mémoriel qui rend impossible toute dynamique unificatrice.

Cette absence de vision culturelle se reflète dans la consommation symbolique quotidienne : les villes congolaises sont submergées d'images, de sons et de langages importés. La musique, les vêtements, les formats télévisuels, les slogans politiques — tout s'inspire du dehors. On célèbre l'étranger sans le traduire ; on reproduit sans inventer. Le professeur Valentin- Yves Mudimbe dénonçait déjà dans *La philosophie bantoue revisitée* cette fascination postcoloniale pour l'Occident, cette incapacité à forger une pensée située : « Le discours africain dominant continue d'être greffé sur des matrices intellectuelles exogènes, ce qui produit une parole qui n'est jamais pleinement la sienne » (Mudimbe, 1988, p. 93).

Plus grave encore, l'État congolais ne joue aucun rôle structurant dans l'élaboration d'une politique culturelle nationale. Le Ministère de la Culture est souvent réduit à une fonction symbolique, dépourvu de moyens, sans politique publique cohérente. Les langues nationales sont marginalisées dans l'enseignement, les savoirs traditionnels exclus des curricula, les artistes laissés à eux-mêmes. Or, comme le souligne Ngũgĩ wa Thiong'o, « le langage est plus qu'un outil de communication : il est le véhicule de la mémoire collective » (*Decolonising the Mind*, 1986, p. 16).

L'absence de projet culturel produit ainsi une double impasse : sur le plan politique, elle affaiblit le sentiment d'appartenance nationale ; sur le plan social, elle alimente le repli identitaire, les tensions interethniques, et la fragilité du tissu social. La nation devient un corps sans âme, une carte sans récit.

Dans ce contexte, la jeunesse congolaise est particulièrement désorientée. Sans figures héroïques reconnues, sans institutions culturelles inspirantes, sans histoire collective valorisée à l'école, elle devient perméable à toutes les influences : les prédicateurs religieux radicaux, les discours tribaux, les mirages de l'émigration. Le psychologue Frantz Fanon, dans *Les damnés de la terre*, l'avait bien anticipé : « Une jeunesse sans projet est une jeunesse prête à toutes les aventures, y compris les plus destructrices » (Fanon, 1961, p. 154).

Il est crucial ici de comprendre que la modernité ne peut se réduire à l'accumulation de signes extérieurs — buildings, smartphones, banques, logos, réseaux sociaux. Elle doit s'incarner dans un rapport au monde qui inclut le passé, réinvente le présent et propose un horizon. C'est ce que rappelle Amin Maalouf dans *Les identités meurtrières* : « Une culture sans projet devient un culte du vide » (Maalouf, 1998, p. 127).

Enfin, l'illusion de la modernité empêche toute projection politique d'envergure. L'absence de vision culturelle empêche la construction d'un avenir partagé. Les débats politiques deviennent technocratiques, creux, déconnectés des aspirations populaires. Le pays flotte dans une modernité en trompe-l'œil, sans centre de gravité symbolique.

La reconstruction du Congo passe donc impérativement par une redéfinition culturelle profonde. Cela exige non seulement des politiques publiques fortes, mais une volonté collective de réinvestir les récits, les langues, les symboles, les imaginaires, les spiritualités propres à ce territoire. Ce n'est qu'à ce prix qu'une modernité enracinée — et non mimée — pourra émerger.

Conclusion du Chapitre 5 : Les Miroirs Trompeurs de la Modernité

Le cinquième chapitre a démontré que la modernité telle qu'adoptée en République démocratique du Congo n'est, en réalité, qu'un reflet trompeur. Loin d'une dynamique de transformation endogène, elle s'apparente à une copie décontextualisée de modèles étrangers, souvent mal compris, encore plus mal adaptés, et finalement inefficaces. Cette tendance, caractérisée par une imitation sans intégration, résulte d'un mimétisme institutionnel qui a favorisé des formes de gouvernance factices et une dépendance intellectuelle vis-à-vis des paradigmes occidentaux. Comme le soulignent Bayart et Médard, cette forme d'extraversion est moins une ouverture au monde qu'un asservissement symbolique.

La deuxième section du chapitre a mis en évidence comment certains concepts, tels que la démocratie, l'État de droit ou encore la société civile, sont devenus des coquilles vides dans le contexte congolais, faute de contextualisation historique et culturelle. Le langage du développement, souvent recyclé à partir de slogans internationaux, ne parvient pas à faire sens sur le terrain. Il y a là une aliénation conceptuelle qui empêche l'émergence d'un projet véritablement national.

Mais c'est surtout l'absence d'un **projet culturel propre** qui constitue la carence la plus profonde. Une nation ne peut se construire sur l'addition de signes extérieurs de modernité. Elle a besoin de récits, de symboles, de mémoires partagées et d'un imaginaire collectif. Sans cela, comme le dit Balandier, la modernité devient une illusion et la société, un corps errant sans âme.

À travers les analyses proposées et les nombreuses références, ce chapitre appelle à une **reconquête culturelle**, condition sine qua non d'une modernité authentique et créatrice. Une modernité qui ne soit plus le miroir trompeur des puissances d'hier, mais l'expression enracinée d'un avenir pensé et porté par les Congolais eux-mêmes.

Chapitre 6

Les Occasions Perdues

Introduction

La République démocratique du Congo (RDC) est riche d'un passé dramatique, mais également d'un potentiel de paix à plusieurs reprises entrevu... puis égaré.

À chaque tournant, des fenêtres d'opportunité se sont ouvertes pour sortir de la spirale des conflits, reconstruire l'État et réconcilier une nation déchirée.

Mais à maintes reprises, ces occasions ont été manquées, soit par manque de volonté politique, soit par des calculs à court terme, soit encore à cause de la pression d'intérêts contradictoires, nationaux et internationaux.

Joseph Kabila Kabange, qui dirigea le pays entre 2001 et 2019, hérita d'un État effondré, avec des dialogues entamés dans le sang, une société civile muselée, et une violence endémique. Durant ses dix-huit années de pouvoir, il tenta d'amorcer plusieurs processus de paix et de réconciliation, mais nombre d'entre eux furent avortés ou piétinés par des groupes d'intérêt. Ce chapitre revient sur ces instants cruciaux, ces embranchements où le Congo aurait pu choisir la stabilité, la paix et le développement... mais choisit, trop souvent, la fragmentation.

6.1 Dialogues avortés et accords oubliés

Les années qui ont suivi la chute de Mobutu Sese Seko ont vu se multiplier les conférences, dialogues intercongolais, et accords de paix. Du Dialogue intercongolais de Sun City (2002–2003) aux Accords de Nairobi (2007), en passant par l'Accord-cadre d'Addis-Abeba (2013), ces moments constituaient des points de basculement.

Mais à chaque fois, ces dialogues furent détournés de leur objectif initial. L'intégration de certains groupes armés au sein des FARDC (Forces armées de la République démocratique du Congo) a souvent servi de stratégie d'infiltration, comme le démontrent les cas du CNDP puis du M23. Le chercheur Gérard Prunier (2009) note ainsi que « les accords de paix signés sous la pression régionale sont des trêves armées, non des résolutions durables de conflit. »

Joseph Kabila, conscient du piège de la militarisation permanente, a tenté d'instaurer des processus électoraux comme solutions institutionnelles aux conflits. L'organisation des premières élections libres en 2006 fut saluée par la communauté internationale. Mais les séquelles des dialogues bâclés furent profondes. L'absence de mécanismes de suivi, la politisation des commissions vérité, et la réticence à engager une justice transitionnelle réelle ont transformé les accords en coquilles vides.

Kabila mit également en place le **Programme de stabilisation et de reconstruction des zones sortant des conflits armés (STAREC)** en 2009. Mais son efficacité fut affaiblie par des rivalités entre institutions, et par l'insuffisance de coordination avec les partenaires internationaux. Ainsi, comme le souligne Séverine Autesserre (2010), « les élites congolaises et internationales ont produit des paix formelles sans transformation structurelle des causes du conflit. »

6.2 Les esprits éclipsés par la violence

La guerre en RDC a généré l'une des plus grandes tragédies humanitaires depuis la Seconde Guerre mondiale, avec plus de 6 millions de morts selon les estimations de l'International Rescue Committee (2008). Pourtant, cette hécatombe ne fit pas émerger une conscience nationale apte à promouvoir une culture de paix durable.

Au contraire, la violence a obscurci les voix des intellectuels, des sages, des penseurs et des faiseurs de paix. La militarisation de l'espace public a transformé la parole politique en arme, et le débat intellectuel en menace. Des figures comme Floribert Chebeya ou Luc Nkulula sont devenues les symboles tragiques de cette répression souvent occasionnée par ceux qui prétendaient tous agir au nom de la démocratie tandis des leaders véreux avaient des agendas cachés.

Pour pallier cela, Joseph Kabila, lui-même ancien chef militaire, tenta de créer des passerelles entre l'armée, l'État et la société civile. L'instauration d'une Commission nationale des droits de l'homme (CNDH) en 2013 répondait à cette volonté. Il appuya également le fonctionnement du Cadre Permanent de Concertation de la Femme Congolaise (CAFCO), pour impliquer davantage les femmes dans les processus décisionnels.

Cependant, ces actions ont souvent été perçues comme cosmétiques, car les logiques d'impunité demeuraient fortes. La peur d'une justice politisée, les assassinats ciblés, et les intimidations ont réduit l'espace civique à peau de chagrin. La culture de la peur, héritée de Mobutu, persista.

Comme le soulignait avec force Frantz Fanon (1961), « la violence coloniale a une logique d'élimination physique et symbolique de l'autre. Elle continue de produire ses effets bien après la décolonisation. » Le Congo postcolonial en est l'illustration.

6.3 Société civile et alternatives étouffées

La société civile congolaise est souvent célébrée pour sa résilience. Les églises, les syndicats, les mouvements citoyens comme LUCHA ou Filimbi ont proposé des alternatives crédibles au clientélisme politique. Pourtant, leurs actions ont été systématiquement étouffées ou récupérées.

Sous le mandat de Joseph Kabila, certaines réformes, comme l'autonomisation des médias communautaires ou l'encadrement des ONG, ont permis un début de structuration. Il a aussi promulgué la loi de 2001 sur les partis politiques, censée favoriser le pluralisme. Toutefois, ces avancées se heurtaient à une suspicion chronique des autorités vis-à-vis de toute contestation perçue comme menace à l'ordre établi.

La cooptation de certains leaders de la société civile dans les institutions de l'État a vidé les luttes citoyennes de leur radicalité. Parallèlement, les manifestations pacifiques ont été régulièrement réprimées, et les espaces publics monopolisés par des partis dominants.

L'historien Achille Mbembe (2010) note que « les sociétés postcoloniales africaines sont souvent gouvernées à partir du soupçon et de la disqualification mutuelle », empêchant toute émergence d'un contre-pouvoir structuré. C'est cette dynamique qui a miné les chances d'un véritable renouvellement par la base.

Joseph Kabila, malgré ses tentatives d'ouverture, n'a pas su (ou pu) construire un pacte de confiance durable avec la société civile. Les alternances de façade ont alimenté une profonde méfiance. Les revendications des jeunes, des femmes, des minorités sont restées marginalisées.

Conclusion du chapitre

La République démocratique du Congo n'a pas manqué de rendez-vous avec l'histoire. Au contraire, elle en a eu trop. Mais chacun de ces moments – accords, dialogues, mobilisations citoyennes – fut une occasion perdue de rompre avec les logiques de domination, de violence et de prédation héritées de la colonisation. Joseph Kabila Kabange, dans sa posture souvent jugée énigmatique, a tenté à plusieurs reprises de faire émerger une culture politique différente. Toutefois, ses efforts ont été fragilisés par des forces internes et externes, et par la complexité d'un système forgé sur la désintégration. Son approche pragmatique, parfois silencieuse, a permis des avancées, mais n'a pas réussi à transformer durablement les fondements du pouvoir. Le Congo a besoin d'un sursaut. Il ne suffit plus de constater les occasions perdues. Il faut préparer celles à venir. Car le peuple congolais mérite un horizon de paix, de justice et de dignité.

Le Dodekaprogramme apparaît alors non comme une utopie, mais comme une cartographie lucide de ce sursaut possible. Il ne promet pas la perfection, mais il offre un cadre structurant, une méthode, une pédagogie du redressement national. Il réconcilie l'État et la société, la gouvernance et la mémoire, la souveraineté et la coopération. En cela, il constitue un legs politique majeur, souvent incompris, mais dont la profondeur théorique et la portée pratique deviennent de plus en plus évidentes dans un contexte mondial en mutation.

C'est à la jeunesse congolaise qu'il revient désormais de s'approprier cette vision, de l'interroger, de l'enrichir, mais surtout de l'incarner. L'heure n'est plus aux dénonciations stériles ni aux divisions idéologiques. L'heure est à la construction, à l'intelligence collective, au dépassement de soi pour rebâtir une nation digne, libre et responsable. Comme l'écrivait Frantz Fanon, « chaque génération doit, dans une relative opacité, découvrir sa mission, la remplir ou la trahir. »

Ainsi se conclut ce chapitre non sur une mélancolie des occasions manquées, mais sur un appel : celui de la refondation. Joseph Kabila, à travers ses silences, ses gestes et ses piliers programmatiques, a semé les graines. Il appartient désormais à une nouvelle conscience congolaise – instruite, éveillée, solidaire – de les faire germer, pour que le Congo ne soit plus seulement le théâtre de ses tragédies, mais l'auteur souverain de son avenir.

Chapitre 7

Être sans nation ? Les Tutsis congolais face à l'oubli de l'État : Identité, xénophobie, exclusion et violence comme langage ultime

Introduction

Depuis l'accession du Congo à l'indépendance en 1960, l'identité nationale n'a cessé de se construire sur des sables mouvants, nourrie par les frustrations, les exclusions, et les héritages coloniaux mal digérés. Parmi les groupes les plus marqués par cette construction négative, les Tutsis congolais, abusivement qualifiés de « Banyamulenge », cristallisent un rejet viscéral et une méfiance alimentée par l'histoire, la géopolitique régionale, et surtout par l'inaction volontaire des institutions nationales. Ce chapitre entend interroger de manière lucide la situation de ce groupe social, politique et culturel qui, bien qu'installé depuis des générations sur le sol congolais, reste pris dans une zone grise où l'existence civique leur est niée, où la violence devient leur seul recours d'expression, et où l'appartenance nationale leur est systématiquement contestée.

Hannah Arendt, dans *Les Origines du totalitarisme* (1951), rappelait que « le droit d'avoir des droits » — c'est-à-dire l'appartenance reconnue à une communauté politique — est la condition première de l'humanité moderne. Refuser aux Tutsis congolais ce droit, c'est donc les expulser de l'humanité légale et politique. Ce refus n'est pas seulement une erreur de droit, il est une faute politique, un déni moral, et une complicité avec les logiques xénophobes. Car, comme le souligne Mahmood Mamdani dans *Citizen and Subject* (1996), l'État postcolonial africain a échoué à refonder la citoyenneté sur des bases inclusives, perpétuant les distinctions coloniales entre « indigènes » et « étrangers ».

Il s'agira ici d'examiner trois dynamiques majeures. D'abord, celle de l'impossibilité de vivre sans État, sans reconnaissance, sans sécurité. Ensuite, celle de la xénophobie systémique, alimentée par la peur de l' « autre » et l'instrumentalisation politique de l'appartenance ethnique. Enfin, celle du recours à la violence comme langage ultime lorsque toutes les institutions ont fermé la porte au dialogue et à la reconnaissance. En cela, ce chapitre prolonge le diagnostic établi dans les précédents, en mettant l'accent sur une faille béante de la République : son incapacité à assumer pleinement son pluralisme historique et humain.

Ce chapitre convoquera aussi bien des analyses historiques (Nzongola-Ntalaja, Balandier, Médard) que des approches philosophiques (Fanon, Ricœur, Arendt), juridiques (Constitution de la RDC, textes internationaux) et politiques (Bayart, Mbembe), pour montrer que la question des Tutsis congolais est moins un problème identitaire qu'un révélateur des pathologies de l'État congolais. En d'autres termes, ce que l'on appelle « la question Banyamulenge » est avant tout la question congolaise elle-même : comment construire une nation qui n'exclut pas, qui répare les injustices historiques, et qui assure à chacun la reconnaissance pleine de sa citoyenneté ?

7.1 – L'impossibilité d'exister sans État ni reconnaissance nationale

Être privé de reconnaissance étatique, c'est vivre dans une condition de vide juridique, social et politique. Pour les Tutsis congolais, ce vide est devenu un quotidien, une exclusion prolongée qui les relègue aux marges de la citoyenneté. Dans un pays comme la République Démocratique du Congo, où la nationalité constitue le socle de l'accès aux droits fondamentaux — santé, éducation, participation politique, sécurité —, ne pas être reconnu comme Congolais revient à ne pas exister. Cette condition rappelle la « vie nue » théorisée par Giorgio Agamben (*Homo Sacer*, 1995), dans laquelle l'individu est maintenu dans un état de suspension des droits, vulnérable à l'arbitraire, exclu des mécanismes protecteurs de l'État.

Les Tutsis du Congo sont pourtant, historiquement, partie intégrante du tissu national. Leurs trajectoires migratoires sont anciennes, souvent liées à l'histoire du royaume du Rwanda et aux réorganisations coloniales imposées par l'administration belge qui, pour des raisons économiques, militaires ou agricoles, encouragea la venue de populations rwandophones vers les Hauts Plateaux du Kivu. Leur présence est donc structurelle et continue, non accidentelle ou conjoncturelle. De plus, plusieurs vagues de reconnaissance légale ont marqué leur enracinement, notamment l'ordonnance-loi du 28 mars 1972 du Président Mobutu Sese Seko, accordant collectivement la nationalité congolaise aux populations rwandophones présentes sur le territoire depuis avant 1950. Cette loi fut abrogée en 1981, dans un contexte de montée du nationalisme ethnique et de calculs électoralistes, reléguant brutalement ces citoyens à un statut d'étrangers.

Cette révocation juridique a créé une fracture politique profonde. Comme l'explique Mahmood Mamdani (2001), la distinction coloniale entre "natif" et « étranger » n'a jamais été dépassée dans de nombreux États africains. Elle a été reproduite, réadaptée, parfois même renforcée dans les contextes postcoloniaux, pour servir des intérêts de domination et d'exclusion. Dans ce cadre, la négation de la nationalité des Tutsis congolais relève d'une logique de "citoyenneté ethnique" incompatible avec la vision républicaine moderne d'un État- nation inclusif.

Sur le plan international, cette exclusion viole les principes de la Déclaration universelle des droits de l'homme (article 15) qui stipule que « tout individu a droit à une nationalité » et « nul ne peut être arbitrairement privé de sa nationalité ». Dans sa doctrine, l'Union africaine insiste également sur la nécessité de combattre l'apatridie, cette condition inhumaine où l'individu n'appartient à aucun État. En dépit de ces engagements univoques, le Congo continue de produire des « citoyens fantômes », privés d'identité légale et donc de dignité.

Cette situation d'illégalité forcée pousse les jeunes Tutsis congolais à vivre dans la peur, dans des zones où leur sécurité n'est jamais garantie, et où leur voix est constamment réduite au silence. L'exclusion politique se double d'une invisibilité sociale et d'un rejet culturel, les empêchant de participer pleinement à la construction nationale. Les politiques d'intégration sont quasi inexistantes, et les tentatives de reconnaissance souvent sabordées par les discours populistes et identitaires de certains politiciens.

Le silence de l'État, son inaction et son refus de légiférer clairement sur cette question perpétuent l'exclusion. Ce mutisme équivaut à une forme de complicité, qui transforme le pouvoir public en garant d'une inégalité structurelle. Or, comme le rappelle Frantz Fanon dans *Les Damnés de la terre* (1961), « chaque génération doit, dans une relative opacité, découvrir sa mission, la remplir ou la trahir ». La génération politique actuelle, en refusant de garantir une citoyenneté pleine et entière à tous les Congolais, trahit cette mission et hypothèque l'avenir d'une nation déjà profondément fragilisée.

Ainsi, la situation des Tutsis congolais ne peut plus être éludée. Elle engage non seulement la cohésion nationale, mais également la crédibilité de l'État congolais en tant qu'État de droit. Reconnaître ces citoyens pour ce qu'ils sont : des Congolais à part entière — c'est restaurer l'autorité morale de la République et inscrire son avenir dans une logique d'inclusion, de justice et de réparation.

7.2 – Xénophobie, stigmatisation et instrumentalisation politique

La question tutsie au Congo ne saurait être comprise sans explorer les ressorts profonds de la xénophobie et de la stigmatisation systémique. Depuis les années 1990, les discours dominants sur les Tutsis congolais — abusivement appelés *Banyamulenge* — oscillent entre soupçons de double loyauté, accusations d'infiltration rwandaise et narrations de conquête identitaire. Ce glissement sémantique et politique a construit un imaginaire collectif où les Tutsis, bien que Congolais de longue date, sont perçus comme des étrangers permanents, sinon des ennemis de l'intérieur.

Le politologue Jean-François Médard (1990) qualifie ce type de pratique d'« ethnicisation de la citoyenneté », où l'État, loin de neutraliser les appartenances primaires, les instrumentalise pour légitimer son pouvoir. Ainsi, plutôt que de bâtir une citoyenneté inclusive, certains politiciens congolais ont capitalisé sur les peurs ethniques pour se maintenir au pouvoir ou disqualifier leurs adversaires. Cette xénophobie n'est pas spontanée : elle est construite, nourrie par des récits politiques, médiatiques et religieux, comme le montre Georges Balandier (1985), pour qui le pouvoir postcolonial repose souvent sur la mise en scène du « désordre organisé ».

Les Tutsi Congolais deviennent ainsi le bouc émissaire des échecs étatiques. Quand l'économie chancelle, que les institutions vacillent ou que les élections se profilent, on ressort le spectre du « complot rwandais ». Cette technique de mobilisation populaire par la peur est comparable à ce que Yolande Bouka (2015) décrit comme « the politics of fear », utilisée dans toute l'Afrique centrale pour justifier l'autoritarisme, détourner l'attention et réprimer les dissidents.

L'histoire montre que cette rhétorique a été systématiquement exploitée. Dans les années 1990, à l'aube de la Conférence nationale souveraine, les débats sur la nationalité congolaise ont été biaisés par la volonté de certains de révoquer les acquis juridiques de 1972 — date à laquelle Mobutu avait accordé la nationalité aux populations rwandophones installées avant 1950. Cette loi, perçue comme trop généreuse, fut abrogée en 1981, plongeant des milliers de Congolais dans une précarité administrative. Le juriste Jean-Pierre Tshiyembe (1999) qualifie cette démarche de « politique de l'exclusion juridique », utilisée pour redessiner la citoyenneté selon des intérêts partisans.

Ce cadre juridique mouvant, combiné à des campagnes médiatiques anti-tutsies, a nourri une véritable « culture du rejet » que Paul Ricoeur (1995) aurait qualifiée de « mémoire empêchée » : une mémoire collective sélective, qui nie les origines communes pour fabriquer une identité fictive, fondée sur l'hostilité. L'historien Isidore Ndaywel è Nziem (2004) rappelle pourtant que les dynamiques de peuplement au Congo ont toujours été plurielles, avec des migrations interrégionales constantes, y compris de l'est vers le centre.

Dans les années 2000, les conflits armés ont davantage cristallisé cette exclusion. Les Tutsis, en quête de protection ou d'autodéfense, ont été associés aux groupes rebelles comme le RCD-Goma, le CNDP, puis le M23, renforçant l'amalgame entre communauté et insurrection. Ce raccourci dangereux ne tient pas compte des raisons structurelles du recours aux armes : l'absence de représentation politique, les violations de droits, les massacres ciblés, les spoliations de terres, et l'échec de l'État à garantir la sécurité. Pour Mamdani (2004), cette situation relève de la « citoyenneté différenciée » où seuls certains groupes peuvent accéder aux droits, les autres étant maintenus dans une périphérie politique.

Dans la pratique, cette xénophobie a engendré des conséquences tragiques. Des milliers de Tutsis ont été massacrés à Makobola, Kasika, Kamananga et dans les hauts plateaux du Sud-Kivu. L'International Rescue Committee (2008) estime que la violence armée et l'absence de protection de certaines minorités ethniques ont conduit à un taux de mortalité exceptionnellement élevé. Human Rights Watch (2009) a également documenté des cas de discrimination administrative systématique contre les Tutsis dans les zones sous contrôle gouvernemental.

Enfin, les processus électoraux n'échappent pas à cette logique d'exclusion. Dans plusieurs circonscriptions du Kivu, des candidats Tutsis, pourtant Congolais de souche, se sont vu refuser l'enregistrement par la CENI, au motif de « doute sur la nationalité ». Ces pratiques violent les engagements du Congo en matière de droits humains, notamment l'article 7 de la Charte africaine des droits de l'homme et des peuples, qui garantit le droit à l'égalité devant la loi et à la participation politique.

Au-delà de la souffrance communautaire, cette xénophobie chronique fragilise l'État congolais lui-même. Elle fragmente l'unité nationale, nourrit l'instabilité régionale, et perpétue un climat de méfiance propice aux manipulations extérieures. Comme l'écrit Achille Mbembe dans *Sortir de la grande nuit* (2010), « les États africains qui n'arrivent pas à penser la pluralité de leurs peuples sont condamnés à la violence récurrente ».

7.3 La rébellion comme ultime cri d'existence et la voie de l'intégration réparatrice

Quand l'État exclut, nie et stigmatise, il laisse place à l'insurrection comme unique langage de reconnaissance. Dans le cas des Tutsis congolais, fréquemment appelés *Banyamulenge*, la rébellion apparaît, non pas comme un projet sécessionniste, mais comme un **ultime cri d'existence**, un appel désespéré à la reconnaissance et à la citoyenneté pleine et entière. La rébellion devient alors un mode de communication politique dans un environnement où le dialogue civil, les droits fondamentaux et les mécanismes démocratiques sont inaccessibles.

Comme le souligne James Scott dans *Weapons of the Weak* (1985), les groupes marginalisés développent des formes de résistance parfois violentes lorsque les canaux institutionnels de revendication sont obstrués. L'émergence de mouvements armés tels que le RCD (1998), le CNDP (2006) et le M23 (2012, puis 2022) doit être comprise dans ce contexte d'exclusion structurelle. Ces rébellions, bien qu'ayant été militarisées et parfois manipulées par des acteurs extérieurs, trouvent leur source dans une demande politique interne : celle d'une **intégration réparatrice**.

Cette dynamique est renforcée par l'incapacité de l'État congolais à garantir la sécurité et l'égalité devant la loi. Selon Mahmood Mamdani (*Citizen and Subject*, 1996), les États africains postcoloniaux reproduisent souvent des régimes de citoyenneté différenciée où certaines communautés n'ont accès qu'à une citoyenneté symbolique. Les Tutsis congolais, marginalisés dans les sphères politique, administrative, foncière et éducative, sont enfermés dans un statut d'« étrangers nationaux ».

La rébellion devient alors **le lieu de la parole impossible**, un substitut tragique à la participation démocratique. Le cas du M23, largement composé de jeunes issus de cette communauté, est éclairant : ses membres expriment leur frustration face à un système qui les exclut des processus électoraux, refuse leur enrôlement dans l'armée régulière, et tolère les attaques ciblées contre leurs villages. Cette violence systémique est en contradiction directe avec les principes posés par la Constitution congolaise de 2006 (article 30), qui garantit la liberté de circulation et de résidence à tout citoyen congolais.

Mais la rébellion n'est pas une fin en soi. Elle est un **appel à l'intégration, à la réforme, à l'équité**. Plusieurs rapports, dont ceux du *Baromètre sécuritaire du Kivu* (2023) et de *Human Rights Watch* (2022), montrent que les groupes tutsis insurgés ont plusieurs fois appelé à des négociations, plaidant pour un désarmement en échange de garanties constitutionnelles. Cela rejoint les propos de Frantz Fanon, qui affirmait dans *Les damnés de la terre* (1961) que « la violence n'est jamais gratuite chez l'opprimé, elle est toujours le miroir d'une exclusion non résolue ».

Joseph Kabila, en sa qualité de chef d'État, a tenté plusieurs initiatives pour répondre à ces griefs. On peut citer :

1. **Le brassage militaire** (2004–2010), visant à intégrer les anciens combattants dans une armée nationale unifiée ;

2. **Le dialogue de Goma** (2008), qui permit une amnistie partielle et l'ouverture d'un processus politique ;

3. **La participation active des Tutsis congolais dans le Sénat et l'Assemblée nationale**, y compris la nomination de plusieurs figures issues de cette communauté ;

4. **La réforme foncière entreprise dès 2007**, qui visait à sécuriser les terres dans les zones contestées du Sud-Kivu.

Ces mesures n'ont pas suffi à désamorcer totalement la crise, mais elles démontrent la volonté d'ouvrir une voie **non- militaire et inclusive**. Joseph Kabila s'est présenté non comme un champion d'une communauté contre une autre, mais comme le porteur d'un projet républicain au sein d'une nation fragmentée. Il déclarait en 2012, devant l'Union africaine : «

Aucun Congolais, où qu'il soit et d'où qu'il vienne, ne peut être privé de son droit à la citoyenneté. C'est une ligne rouge. »

Ainsi, pour sortir de ce cycle de rébellion, une **intégration réparatrice** s'impose : reconnaissance de la citoyenneté pleine et entière, protection des droits fondamentaux, représentation politique, restitution ou sécurisation des terres, et fin des discours haineux. Cette réintégration devra s'accompagner d'une réforme de la mémoire collective : comme le suggère Paul Ricoeur (*La mémoire, l'histoire, l'oubli*, 2000), les sociétés doivent reconnaître les injustices du passé pour construire une paix durable.

Il s'agit moins de « pacifier » que de **reconstruire le contrat social congolais** sur des bases équitables. La rébellion cessera d'être une option lorsque l'État cessera d'être l'exclusivité de certains.

7.4. Voix d'un conflit oublié

Depuis plus de deux décennies, l'Est de la République Démocratique du Congo est en proie à un conflit armé qui ne cesse de s'enliser. Derrière les lignes de front et les déclarations officielles, se dessine une tragédie humaine ignorée : celle des Tutsis congolais, marginalisés, stigmatisés, dépossédés de leur identité et de leurs droits. Mon récent séjour à Goma et Kigali (16–21 juin 2025) a mis en lumière la profondeur de leur détresse. J'ai rencontré des hommes, des femmes et des enfants que leur appartenance linguistique au kinyarwanda a rendus suspects, des citoyens transformés en étrangers dans leur propre pays. Certains ont fui, d'autres survivent comme réfugiés non reconnus au Rwanda, obligés de louer des lopins de terre pour subsister. Leurs récits m'ont confronté à une réalité insoutenable : celle d'un peuple pris au piège d'un conflit instrumentalisé par un pouvoir politique en décomposition.

L'analyse de cette crise révèle qu'elle est moins une insurrection qu'une conséquence de l'effondrement structurel de l'État congolais. L'AFC/M23, aujourd'hui décriée par Kinshasa, n'est que l'expression organisée d'un désespoir collectif nourri par vingt ans de promesses trahies. Depuis les Accords de Sun City en 2003 jusqu'à la Déclaration de Nairobi en 2013, en passant par l'Accord du 23 mars 2009, tous les engagements visant à réintégrer équitablement les ex-rebelles, désarmer les milices génocidaires, rapatrier les réfugiés et reconstruire les régions meurtries ont été trahis par le pouvoir central. La Commission Vérité et Réconciliation n'a jamais vu le jour. Les officiers ex-CNDP intégrés dans les FARDC ont été assassinés. Les communautés tutsies ont été exclues du retour à la citoyenneté pleine. Ces actes ont sapé toute confiance envers les institutions, aggravé les frustrations et légitimé la résurgence de la lutte.

À ce tableau dramatique s'ajoute l'instrumentalisation délibérée des tensions ethniques par le régime de Félix Tshisekedi. Les discours de haine contre les Tutsis et les Banyamulenge, l'intégration des Maï-Maï comme « Wazalendo », et l'alliance avec les FDLR (groupe responsable du génocide des Tutsis au Rwanda) ont transformé l'Est en un foyer de violences ciblées. La loi de mai 2023 érigeant les miliciens tribaux en « réservistes patriotes » a donné une légitimité institutionnelle aux exactions ethniques. Pendant ce temps, les FARDC, gangrenées par la corruption, collaborent avec ces groupes armés au lieu de garantir la sécurité. L'État est devenu complice de la terreur qu'il prétend combattre.

La MONUSCO, censée être garante de la paix, a basculé dans la partialité. Depuis le mandat offensif de sa Brigade d'Intervention en 2013 (résolution 2098), elle s'est muée en belligérant aux côtés du régime, perdant la confiance des populations. Cette transformation a renforcé la perception d'un complot régional et international contre les communautés de l'Est. Les armes utilisées par les milices pro-gouvernementales, comme les mitrailleuses MG-M1, en violation de l'embargo onusien, sont restées impunies, malgré les dénonciations de Human Rights Watch et du Groupe d'Experts des Nations Unies. Le silence assourdissant de la communauté internationale, aveuglée par le mythe de l'intégrité territoriale, a consolidé l'impunité d'un régime responsable de crimes contre l'humanité.

L'AFC/M23 ne cherche ni la sécession ni la domination. Elle incarne la lutte pour la reconnaissance, la justice, la sécurité, le respect des accords, et le retour des réfugiés. Sa légitimité croît au rythme des abus de Kinshasa. En tant que plateforme élargie, l'Alliance Fleuve Congo regroupe désormais non seulement d'anciens membres du M23, mais aussi des intellectuels, des militaires, des civils, des femmes, et des jeunes de toutes ethnies, animés par la volonté de refonder l'État. Loin d'un repli identitaire, elle constitue une tentative inédite de proposer une alternative nationale face à la faillite du système.

Les causes profondes de cette crise sont politiques et structurelles. Le tribalisme institutionnalisé, les détournements massifs des ressources naturelles, la centralisation étouffante, et l'effondrement des services publics nourrissent un sentiment d'abandon dans toutes les provinces. L'Est n'est que le miroir le plus visible de cette agonie. Dans l'espace qu'elle contrôle, l'AFC/M23 tente d'organiser une gouvernance alternative : sécurité, justice locale, accès à l'éducation. Elle comble un vide créé par l'incapacité chronique de l'État congolais. Refuser d'en prendre acte, c'est refuser d'écouter la voix de millions de Congolais abandonnés.

La médiation qatarie, si elle veut réussir, devra rompre avec l'approche timorée des précédentes négociations. Elle devra imposer des garanties contraignantes : désarmement des FDLR, retour sécurisé des réfugiés, application des accords passés, décentralisation effective et réformes institutionnelles. Il ne s'agit pas de récompenser une rébellion, mais de reconnaître que là où l'État échoue, la société civile, même armée, tente de préserver une dignité collective. Le silence international face à cette souffrance est un aveu de complicité.

À travers ce texte, je porte la voix de ceux que j'ai écoutés à Goma et Kigali. Ils ne demandent ni vengeance ni privilège. Ils demandent à être regardés comme Congolais, à pouvoir revenir sur leurs terres, à voir leurs enfants aller à l'école sans peur, à vivre en paix dans un pays où la citoyenneté ne se mesure pas à l'ethnie. Ce peuple a payé un prix exorbitant pour des fautes qui ne sont pas les siennes. Ne pas le reconnaître, c'est continuer à alimenter les guerres de demain.

Malgré les décennies de persécutions, d'exils forcés, de stigmatisations et de silences imposés, les Tutsis congolais de l'Est ont cultivé, dans l'adversité, des qualités humaines exceptionnelles. Leur résilience s'est forgée au cœur des souffrances : celle de survivre sans céder à la haine, celle d'éduquer leurs enfants dans des camps de réfugiés ou des zones d'insécurité, en leur transmettant la dignité et l'amour de la paix. Ils ont affronté les menaces avec un courage admirable, sans jamais perdre foi en leur droit d'exister et de participer à la construction nationale. Cette force intérieure, invisible pour beaucoup, est pourtant celle qui a empêché l'effondrement total de leurs communautés. Même sous les bombes, ils ont semé, enseigné, soigné, espéré. Ils ont continué à croire qu'un Congo réconcilié était encore possible.

Ce qui les habite, ce n'est pas la vengeance, mais un attachement viscéral à leur terre, celle de leurs ancêtres, celle que ni l'exil ni l'humiliation n'ont pu effacer. Même ceux qui ont fui au Rwanda, en Ouganda ou plus loin encore, n'ont jamais cessé de rêver de revenir, non pour se venger, mais pour vivre dans la dignité, partager leur héritage, et participer à l'essor d'un Congo véritablement uni. Ils portent des valeurs de paix, de responsabilité, d'hospitalité et d'espérance qu'ils souhaitent offrir à la jeunesse congolaise, à leurs frères et sœurs de toutes les provinces. Le temps est venu pour la nation de reconnaître ces vertus et d'en faire le socle d'une réconciliation authentique. Ce n'est qu'en accueillant la pluralité des récits, des mémoires et des blessures que le Congo pourra devenir un pays de justice, de coexistence et de grandeur partagée.

Conclusion du Chapitre 7 : Reconnaître ou Détruire : Le Pari Congolais des Tutsis du Congo

Ce chapitre a mis en lumière une réalité souvent tue, dissimulée derrière les discours sécuritaires ou les nationalismes dévoyés : celle de l'injustice historique et actuelle que subissent les Tutsis du Congo, abusivement appelés *Banyamulenge*. Leur marginalisation, leur exclusion, et leur stigmatisation ne sont pas le fruit d'un malentendu passager, mais le symptôme d'une construction étatique inachevée et profondément sélective. Le refus de leur citoyenneté, l'étiquetage comme étrangers ou agents de l'ennemi, et la négation de leur histoire sur le sol congolais constituent autant d'atteintes aux principes fondamentaux des droits humains et de l'État de droit.

« Nul ne peut être privé arbitrairement de sa nationalité », affirme la *Déclaration universelle des droits de l'homme* (article 15). Le droit à une identité nationale n'est pas un privilège, mais un fondement de toute société démocratique. Le philosophe Étienne Balibar a souligné que « l'exclusion, lorsqu'elle est institutionnalisée, devient une forme de guerre civile permanente » (*Nous, citoyens d'Europe*, 2001). C'est bien cela que vit une partie du Congo, enfermée dans une logique d'apartheid républicain, où l'appartenance nationale devient conditionnée à la langue, au nom ou aux origines perçues.

La question des Tutsis du Congo n'est pas une question communautaire mais une question **républicaine**, **historique** et **constitutionnelle**. Les migrations n'effacent pas l'humanité ni la citoyenneté. Elles façonnent les peuples. Comme l'a rappelé Mahmood Mamdani dans *Define and Rule* (2012), « les identités sont politiques non par nature, mais parce qu'elles sont historiquement produites et institutionnellement figées ».

Face à cette situation, l'État congolais a le choix : persister dans le rejet ou entamer une véritable refondation inclusive. Joseph Kabila Kabange, malgré de nombreuses critiques, a tenté de déverrouiller cette question par une approche républicaine. Le dialogue de Goma, le brassage militaire, l'inclusion de cadres Tutsis congolais dans les institutions, les discours répétés sur l'unité nationale : tous ces gestes constituent des **tentatives d'intégration** dans un climat politique extrêmement fragmenté.

L'espoir réside dans une réforme profonde du regard collectif : admettre que le Congo est une mosaïque et que cette pluralité n'est pas une menace, mais une richesse. Refuser la nationalité aux Tutsis congolais, c'est refuser une part de soi-même, de son histoire, de sa diversité. Et c'est aussi saper les bases d'un futur commun.

Comme le disait Paul Ricœur, « l'identité narrative d'un peuple dépend de sa capacité à inclure les voix qu'il a d'abord exclues ». Le destin du Congo passe par cette réconciliation mémorielle et politique. Reconnaître, intégrer, protéger : ce sont là les piliers d'une paix durable, dans le respect de la Constitution et de la dignité humaine.

Chapitre 8

Le Rwanda et la RDC : Fracture géopolitique persistante, mémoire traumatique et défis de coexistence dans les Grands Lacs.

Introduction

La relation entre le Rwanda et la République Démocratique du Congo (RDC) est l'une des plus complexes, sensibles et explosives du continent africain. Forgée dans le creuset des migrations anciennes, façonnée par l'arbitraire colonial, ravagée par le génocide de 1994 et empoisonnée par des décennies de violences armées, cette relation soulève une série de défis géopolitiques, identitaires, humanitaires et économiques dont la gestion reste inaboutie. Elle cristallise les tensions de la région des Grands Lacs et incarne, à elle seule, les paradoxes de la souveraineté postcoloniale en Afrique.

Dès la période coloniale, les migrations depuis le Rwanda vers le Congo belge ont été fréquentes, encouragées par les autorités belges dans le cadre d'un besoin de main-d'œuvre pour l'exploitation agricole et minière. Ces mouvements ont contribué à la formation de communautés rwandophones (Hutu et Tutsi) dans l'Est congolais, qui furent plus tard désignées sous le vocable générique de « Banyamulenge ». Ce terme, aux contours flous, a été instrumentalisé à des fins politiques, créant des confusions entre nationalité, origine ethnique et loyauté supposée. Comme le notait Mahmood Mamdani (2001), l'échec des États africains à intégrer les minorités ethniques est à l'origine de nombreux conflits : « Ce ne sont pas les différences ethniques en soi qui tuent, mais leur politisation dans un contexte d'exclusion institutionnalisée. »

L'irruption du génocide rwandais en 1994 fut un point de bascule. L'opération « Turquoise », conduite par la France avec l'aval de l'ONU, permit à des centaines de milliers de Hutu, y compris des génocidaires, de fuir vers le Zaïre, aujourd'hui RDC. Dans le sillage de cette fuite, les Forces Démocratiques de Libération du Rwanda (FDLR), composées d'anciens militaires et miliciens impliqués dans les massacres, se sont installées dans l'Est du Congo, instaurant une guerre larvée permanente. Ces groupes armés, alliés à des réseaux économiques mafieux, ont plongé la région dans un cycle de violence, de déplacement forcé, de viols massifs et de pillage des ressources, dans ce que Gérard Prunier (2009) nomme « la guerre mondiale africaine ».

Cette situation fut exacerbée par la difficulté du Rwanda à démilitariser la région et à neutraliser les FDLR sans intervention directe. Les incursions répétées de l'armée rwandaise au Congo, justifiées par la « poursuite des génocidaires », ont souvent débouché sur des conflits ouverts avec les FARDC et sur l'émergence de mouvements rebelles pro-rwandais (CNDP, M23). Ces conflits n'ont pas seulement une base militaire : ils s'ancrent dans des enjeux économiques (coltan, or, cassitérite), politiques (fragilité des institutions congolaises), et géopolitiques (rivalités d'influence entre puissances régionales et internationales).

Parallèlement, la question non résolue de la nationalité des Tutsis congolais a créé une fracture profonde au sein du tissu national. Traitée tour à tour comme une question ethnique, sécuritaire ou identitaire, elle reste marquée par une xénophobie latente, un rejet populaire et une instrumentalisation politique. Pourtant, comme le rappelle Hannah Arendt (1951), « le droit d'avoir des droits commence par le droit d'appartenir à une communauté politique organisée ». Exclure durablement des communautés installées depuis des générations revient à nier le fondement même de la citoyenneté.

L'objectif de ce chapitre est d'analyser, à travers une approche interdisciplinaire, les différentes strates de cette fracture géopolitique entre la RDC et le Rwanda. Il mobilisera des concepts issus des travaux de Jeffrey Alexander sur le trauma culturel, de Didier Fassin sur la raison humanitaire, de Stef Craps et Cathy Caruth sur la mémoire postcoloniale, et de Veena Das sur les formes silencieuses de la survie après la violence. Ce chapitre visera à dégager les possibilités, aussi minces soient-elles, d'un avenir commun fondé sur la reconnaissance mutuelle, la justice transitionnelle et la cohabitation pacifiée.

8.1 Des migrations à la fragmentation : entre mémoire effacée et frontières figées

L'histoire partagée entre le Rwanda et la République Démocratique du Congo ne commence ni avec le génocide de 1994, ni avec l'arrivée massive des réfugiés hutu. Elle s'inscrit dans une longue tradition de mobilités régionales, d'échanges culturels et de dynamiques transfrontalières précoloniales. Les rives du lac Kivu, les hautes terres du Sud-Kivu et du Nord-Kivu, tout comme les forêts d'Itombwe, ont toujours été traversées par des populations en quête de pâturages, de paix ou de marchés. Ces migrations, naturelles et historiques, ont été figées par la cartographie coloniale et les logiques modernes de l'État-nation, souvent incapables d'accommoder la fluidité identitaire des sociétés africaines.

Dans ce sens, Achille Mbembe (2010) souligne avec justesse que « l'Afrique précoloniale connaissait des formes d'appartenance qui ne correspondaient ni à la nation, ni à l'État. » L'imposition de frontières étanches par la colonisation a rompu ces équilibres anciens, substituant à la circulation la suspicion, et à l'interpénétration culturelle, l'assignation identitaire rigide.

Sous la colonisation belge, la politique migratoire planifiée intensifie ces dynamiques. Des milliers de travailleurs rwandais sont acheminés vers le Congo, notamment dans les mines du Katanga, les plantations du Kivu, ou les grandes infrastructures coloniales. Le phénomène, loin d'être marginal, est organisé par les autorités coloniales elles-mêmes, comme l'attestent les archives du ministère belge des colonies dans les années 1930 et 1940. Il s'agit de main-d'œuvre « contrôlable », « proche culturellement » et « adaptée au climat », selon les justifications officielles.

Le chercheur Jean-Claude Willame (1997) rappelle que ces travailleurs migrants n'étaient ni esclaves ni clandestins : « Le pouvoir colonial a volontairement importé de la main-d'œuvre rwandaise pour soutenir ses ambitions extractivistes dans la colonie du Congo belge. » La migration devient ici une politique d'État. Mais cette réalité historique est effacée, réinterprétée ou niée dans les récits politiques actuels. À partir des années 1990, la réapparition de la question nationale dans un contexte de crise politique et d'effondrement institutionnel (Mobutu, la Conférence nationale souveraine, les guerres d'agression) conduit à la stigmatisation des rwandophones du Congo, en particulier les Tutsis. Leur légitimité citoyenne est remise en cause, leur nationalité contestée, leur loyauté soupçonnée.

Le sociologue René Lemarchand (1999) parle à ce propos de la « construction d'un bouc émissaire ethnique » pour désigner un processus classique dans les situations de crise : détourner l'attention du public vers une cible facile et minoritaire. Les Banyamulenge, terme flou regroupant les Tutsis du Sud-Kivu, deviennent le réceptacle de toutes les angoisses sécuritaires, sociales et territoriales. Ils sont accusés d'être des « Rwandais déguisés », des agents infiltrés ou des envahisseurs potentiels. Cette perception est d'autant plus puissante qu'elle est ancrée dans l'imaginaire collectif d'une trahison venue de l'extérieur, renforcée par les incursions réelles ou supposées de l'armée rwandaise.

L'échec de la reconnaissance institutionnelle de ces Congolais rwandophones (souvent installés depuis plusieurs générations, parfois bénéficiaires d'une naturalisation sous Mobutu en 1972) alimente un sentiment d'exclusion, de marginalisation et de déni d'appartenance. Le politologue Mahmood Mamdani (2001) insiste sur le danger de cet apartheid administratif : « Lorsqu'un État refuse de reconnaître ses propres citoyens, il crée les conditions d'une guerre civile permanente. »

Ainsi, ce qui n'était qu'un mouvement migratoire encouragé par l'État devient, par renversement symbolique, un marqueur d'illégitimité. La fragmentation du tissu national congolais est aggravée par cette mémoire sélective, cette discontinuité dans les récits historiques, et par l'échec à intégrer les populations transfrontalières dans une citoyenneté inclusive. L'incompréhension mutuelle entre populations locales et rwandophones, l'exploitation politique de cette tension et la faiblesse chronique des institutions congolaises alimentent un climat de méfiance qui déborde largement le cadre identitaire. Il s'agit d'un échec de la mémoire collective, mais aussi d'un échec de l'État à articuler une nation plurielle sur des bases justes et équitables.

Comme le souligne Paul Ricoeur (1995), « la reconnaissance n'est pas une faveur, mais une condition de la justice sociale. » Le refus persistant d'accorder une reconnaissance pleine aux Congolais d'origine rwandaise empêche toute cohésion nationale durable. Il transforme la mémoire de la migration en prétexte de fragmentation, et la diversité en champ de conflictualité permanente.

8.2 – Génocide, chaos régional et responsabilités partagées : une tragédie aux mille visages

Le génocide des Tutsi au Rwanda en 1994 marque un tournant majeur non seulement pour le Rwanda, mais pour toute la région des Grands Lacs. Cette tragédie, qui fit plus de 800 000 morts en cent jours selon les chiffres de la Commission nationale de lutte contre le génocide (CNLG, Rwanda), a bouleversé les équilibres démographiques, politiques et sécuritaires. Alors que les caméras du monde étaient braquées sur Kigali et ses environs, des millions de Rwandais — principalement Hutu — prirent la fuite vers le Zaïre voisin, emportant avec eux non seulement le traumatisme, mais aussi la guerre.

Parmi ces réfugiés figuraient de nombreux civils innocents, mais aussi des génocidaires avérés, membres des ex-Forces armées rwandaises (ex-FAR) et des milices Interahamwe. L'opération humanitaire "Turquoise", lancée par la France sous mandat onusien, permit leur installation dans d'immenses camps de réfugiés à l'est du Congo, notamment à Goma, Bukavu, et Uvira. Comme le souligne Gérard Prunier (2009), « cette opération, en voulant sauver les civils, permit en réalité à une large part des génocidaires de se réorganiser, armés et idéologiquement mobilisés. »

Ce transfert de violence transforma les territoires frontaliers congolais en zones de tension permanente. Les Forces démocratiques de libération du Rwanda (FDLR), issues de ces anciens militaires hutu réfugiés, commencèrent à opérer des attaques sur le territoire rwandais, provoquant des représailles et des incursions de l'armée rwandaise en RDC. Le Congo devint malgré lui un sanctuaire des conflits non résolus du Rwanda.

Dans ce climat de violence transfrontalière, des groupes armés congolais comme le RCD, le CNDP, puis le M23 émergèrent avec un double discours : défendre les Tutsi congolais contre la xénophobie, tout en s'alignant, volontairement ou par opportunisme, avec les intérêts de Kigali. Cette complexité rend le positionnement du Rwanda ambigu : libérateur ou envahisseur ? Protecteur ou exploiteur ?

Le Rwanda, sous la présidence de Paul Kagame, a toujours affirmé intervenir pour sa propre sécurité nationale, invoquant le droit de poursuite des génocidaires réfugiés. Mais cette justification, légitime à ses débuts, est contestée par plusieurs analystes. Jason Stearns (2012) parle d'un « brouillage des motivations » : l'intérêt sécuritaire se double d'un intérêt économique manifeste dans l'exploitation des minerais stratégiques congolais, en complicité avec des acteurs locaux.

Human Rights Watch (2009) et le Groupe d'experts de l'ONU sur la RDC (2012) ont documenté les liens entre l'armée rwandaise et certaines rébellions dans l'Est congolais, en particulier les réseaux d'exportation de coltan, d'or et d'étain. À ce propos, Didier Fassin (2010) rappelle que « l'humanitaire ne peut servir d'écran à la prédation », pointant les dangers de la raison humanitaire instrumentalisée par des États aux visées expansionnistes.

Les Congolais, quant à eux, se trouvent pris au piège d'une guerre qui n'est pas la leur, mais dont ils paient le prix le plus fort. Le chercheur Jeffrey Alexander (2004) développe le concept de **trauma culturel** comme « un processus social par lequel une collectivité reconnaît avoir été profondément blessée dans son identité ». L'Est de la RDC est ainsi devenu une zone de deuil suspendu, où les violences se perpétuent sans réelle réparation, ni reconnaissance internationale du mal subi.

Cathy Caruth (1996), quant à elle, insiste sur la nécessité d'écouter le récit du trauma au-delà des faits bruts. Elle écrit : « Le trauma, ce n'est pas l'événement, c'est la répétition non symbolisée de ce qui n'a pu être dit. » C'est dans ce silence que les populations de l'Est sombrent, entre viols massifs, déplacements internes et impunité généralisée.

De plus, les accords signés entre la RDC et le Rwanda, parfois dans l'opacité, comme les contrats sur l'exploitation des « minerais stratégiques contre sécurité » sous la présidence Tshisekedi, sont perçus par l'opinion publique congolaise comme une perte de souveraineté. Ces arrangements économiques, aussi légitimes soient-ils sur le papier, souffrent d'un grave déficit de transparence et d'ancrage démocratique.

La profusion de médiations — processus de Luanda, Nairobi, Doha, Union africaine, et plus récemment, les États-Unis — souligne l'impasse. Aucune paix durable ne peut émerger sans une réelle prise en compte des griefs historiques, sans une justice réparatrice et sans une citoyenneté partagée au sein même du Congo.

Comme le dit Veena Das (2007), « la violence extrême ne se guérit pas par les institutions seules, mais par le tissu social lui-même. » Il ne suffit pas d'une paix négociée entre chefs d'État : il faut une guérison dans la profondeur des communautés affectées, des femmes violées, des enfants enrôlés, des peuples déplacés.

L'histoire du Congo et du Rwanda ne pourra être réécrite tant que la mémoire collective demeure fragmentée, tant que la responsabilité est toujours attribuée à l'autre, tant que le dialogue reste empêché par la peur, la vengeance ou le profit. Il faudra non seulement du courage politique, mais une anthropologie du soin, une éthique du pardon, et une économie de la justice.

8.3 De la diplomatie fracturée à l'impasse géopolitique : négocier l'irréconciliable ?

Depuis les premières tensions ouvertes entre la République démocratique du Congo (RDC) et le Rwanda au lendemain de la Deuxième Guerre du Congo (1998–2003), les relations bilatérales n'ont cessé d'osciller entre diplomatie de façade, réconciliation contrainte, et résurgence de conflits. Dans une région où les frontières coloniales n'ont jamais réellement figé les appartenances, l'hostilité politique entre Kinshasa et Kigali est souvent masquée par une diplomatie faite d'opérations conjointes, de déclarations optimistes et d'accords souvent non respectés. Or, comme le souligne Jean-François Bayart (2006), « l'État postcolonial en Afrique fonctionne moins comme garant de souveraineté que comme instrument d'ajustement à des réseaux transnationaux de pouvoir ».

La multiplication des accords, Luanda (2022), Nairobi (2023), Doha (2024), et plus récemment l'accord en cours de formulation avec les États-Unis sur les « minerais stratégiques contre sécurité», est à la fois symptomatique de la profondeur du problème et de l'absence de volonté nationale sincère d'en résoudre les causes profondes. Dans le fond, ces médiations internationales confirment que les deux pays ne se font pas confiance, et que la voix populaire congolaise est constamment évacuée du processus décisionnel.

L'approche du gouvernement congolais actuel, en particulier sous la présidence de Félix Tshisekedi, semble privilégier la survie politique au détriment de la souveraineté nationale. Comme le dénoncent certains membres de la société civile congolaise (LUCHA RDCongo, 2023), les accords sont négociés sans débat public, sans ratification parlementaire, et sans prise en compte des victimes des conflits. Cela alimente l'idée que la diplomatie congolaise s'est détachée du peuple et est devenue un théâtre d'élite. Cela rejoint la critique de Mahmood Mamdani (2004) qui voit dans l'État postcolonial africain une « enclave bureaucratique coupée de sa base sociale
».

Côté rwandais, la rhétorique sécuritaire demeure constante : il faut neutraliser les FDLR, et protéger les minorités tutsi, y compris congolaises. Toutefois, plusieurs rapports du Groupe d'experts des Nations Unies (2022, 2023) montrent une implication directe de Kigali dans le soutien au M23, notamment en logistique, armement et stratégie. Cette duplicité rend toute médiation fragile et expose les populations civiles à des représailles croissantes. La conséquence en est l'explosion du nombre de déplacés internes dans le Kivu : plus de 6,9 millions selon OCHA en 2023, un chiffre jamais atteint dans l'histoire du pays.

Dans ce contexte, les initiatives diplomatiques semblent répondre davantage à des intérêts d'image ou de rente qu'à une réelle volonté de pacification. Le politologue Aloys Mehler (2009) avertit : « les accords de paix sans inclusion sociale et redistribution équitable ne produisent que des cessez-le-feu prolongés. » Ainsi, la signature éventuelle d'un accord stratégique entre la RDC et les États-Unis, bien que présenté comme une avancée, pourrait s'effondrer comme les précédents s'il ne repose pas sur un socle de légitimité nationale et régionale.

La lecture par les théoriciens du trauma et de l'humanitaire comme Jeffrey Alexander ou Didier Fassin apporte une profondeur inédite à cette impasse géopolitique. Alexander (2004) rappelle que « la mémoire collective d'un trauma partagé structure le présent politique autant que les projets d'avenir. » Sans reconnaissance des violences passées, sans vérité et sans réparation, aucune paix durable n'est possible.

Quant à Didier Fassin (2012), il montre dans *La raison humanitaire* comment la rhétorique de la protection humanitaire peut masquer des logiques d'assujettissement néolibéral ou sécuritaire. Appliquée au cas du Congo, cette critique révèle la

126

tension entre le langage des droits humains et les pratiques diplomatiques opaques.

Il faut également souligner, comme le propose Stef Craps (2013), que la mémoire des traumatismes non occidentaux, tels que ceux vécus par les Congolais, est souvent reléguée au second plan dans le champ de la mémoire mondiale. En d'autres termes, les douleurs vécues par les populations de l'Est du Congo ne sont pas pleinement reconnues ni sur la scène internationale ni par leurs propres dirigeants.

Enfin, Veena Das (2007) insiste sur la reconstruction du quotidien après la violence : « ce n'est pas tant la paix institutionnelle qui guérit, mais le retour du sens dans les interactions ordinaires. » Il s'agira donc moins d'aligner des accords diplomatiques que de restaurer la parole, l'écoute, et la justice sociale dans les communautés meurtries.

L'impasse actuelle entre la RDC et le Rwanda n'est donc pas seulement le produit d'une querelle d'intérêts entre États. Elle est aussi le reflet d'une faillite plus profonde : celle d'une mémoire fragmentée, d'un État affaibli, et d'une société qui n'a pas encore trouvé sa voix pour réconcilier histoire, justice et avenir.

Conclusion du Chapitre 8 Défaire la spirale : repenser la paix au-delà des accords

L'histoire tourmentée des relations entre la République démocratique du Congo (RDC) et le Rwanda, bien que souvent présentée sous l'angle des conflits armés et de la realpolitik, s'inscrit dans une trame plus vaste de migrations, d'interdépendances régionales, de blessures non pansées et de récits concurrents. Ce chapitre a mis en lumière les causes structurelles, historiques, économiques et mémorielles de cette crise durable, tout en insistant sur le rôle des acteurs étatiques et non-étatiques dans son approfondissement ou sa possible résolution.

Le génocide de 1994 au Rwanda, tragédie humaine sans précédent, a déclenché une onde de choc dont le Congo demeure l'épicentre invisible. En accueillant les populations en fuite – y compris les génocidaires armés –, la RDC a vu son territoire transformé en champ de bataille prolongé, échappant à tout contrôle central. Ce n'était pas une guerre congolaise, mais une guerre transposée, instrumentalisée, et dont les victimes ont été principalement congolaises. « Les génocidaires sont entrés avec les fusils, les réfugiés avec les souvenirs, et les multinationales avec les carnets de commandes », résume avec justesse Gérard Prunier (2009).

La question tutsie, en particulier celle des Tutsis congolais, a été instrumentalisée des deux côtés : au Rwanda comme prétexte sécuritaire, au Congo comme levier électoraliste ou bouc émissaire. Pourtant, comme l'affirme Hannah Arendt (1951), « personne n'a le droit de refuser à un être humain l'appartenance à une communauté politique ». La négation de la nationalité à ces groupes a non seulement renforcé leur marginalisation, mais a aussi provoqué des radicalisations évitables, transformant la quête de reconnaissance en logique de survie armée.

La prolifération des accords de paix, souvent célébrés dans les hôtels luxueux de Luanda, Doha ou Nairobi, masque une réalité plus crue : l'absence d'écoute véritable des populations. « Une paix sans justice, c'est le silence des fusils pendant que les larmes continuent de couler », écrivait Patrice Nganang (2017).

Les données du terrain, les témoignages des déplacés, et les résultats de l'enquête citoyenne présentée dans ce livre révèlent une profonde fatigue politique, une perte de confiance envers les institutions, mais aussi un espoir : celui d'un retour à la souveraineté populaire et à la mémoire réconciliée.

La contribution des théoriciens du trauma, tels que Jeffrey Alexander (2004), Cathy Caruth (1996), Stef Craps (2013) ou Veena Das (2007), a permis d'analyser ce conflit non comme un simple désaccord militaire ou diplomatique, mais comme une fracture culturelle et psychique. La RDC n'est pas uniquement en guerre contre des milices ou des puissances étrangères : elle est en guerre contre un passé non digéré et une narration brisée.
« Ce n'est pas seulement ce qui s'est passé qui est insupportable, mais le fait qu'on ne puisse pas en parler, ni le comprendre », observe Caruth (1996).

Dans cette perspective, Didier Fassin (2012) nous met en garde contre l'usage creux du langage humanitaire : « L'urgence humanitaire, en court-circuitant la justice et la mémoire, peut renforcer les structures d'inégalité. » Ainsi, toute solution qui ne tiendrait pas compte des voix locales, de la mémoire collective et des revendications citoyennes ne ferait que repousser l'inévitable retour de la violence.

Loin de diaboliser le Rwanda ou de sanctifier le Congo, ce chapitre a tenté de démontrer l'urgence d'un changement de paradigme. Le problème n'est pas seulement dans les relations extérieures mais dans la fragilité de l'État congolais lui-même, incapable de formuler un projet national fédérateur. Comme le rappelait Georges Balandier (1980), « le pouvoir africain postcolonial ne se définit pas tant par ce qu'il fait que par ce qu'il laisse faire ».

La solution, en dernière analyse, est double : d'une part, reconstruire l'État congolais sur une base inclusive, démocratique et historique ; d'autre part, établir avec le Rwanda une diplomatie fondée sur la vérité, la réparation, et la reconnaissance mutuelle. Cela suppose un dépassement des logiques ethniques et partisanes, pour embrasser une vision continentale de l'histoire commune, comme le proposait Frantz Fanon (1961) : « Il n'y a pas de mission historique sacrée de tel ou tel peuple. Il n'y a que la volonté lucide de tous de faire peuple ensemble. »

La RDC et le Rwanda peuvent encore écrire une nouvelle page. Mais cela exige du courage politique, une mémoire restaurée, et surtout, une population actrice de son destin.

Chapitre 09

Le Mirage de l'Opposition : 65 Ans d'Éclipses et de Ruses Politiques

Introduction

Depuis 1960, la République démocratique du Congo semble condamnée à une énigme politique récurrente : l'absence d'une opposition structurée, stable et porteuse d'une vision politique claire. Loin d'avoir été un contre-pouvoir moteur de réforme et de démocratisation, l'opposition congolaise s'est construite comme un espace d'opportunisme et de contestation cyclique, souvent sans projet national fédérateur.

En théorie politique, Giovanni Sartori (1976) souligne que les systèmes d'opposition sont essentiels pour structurer la compétition démocratique et garantir l'alternance. Mais dans le cas congolais, l'opposition est souvent réduite à une simple stratégie d'ascension ou de reconversion politique, comme le résume l'adage populaire : *'Ote-toi que je m'y mette'*. Cette logique a été amplifiée par l'héritage autoritaire du régime de Mobutu, reconduit sous diverses formes dans les périodes successives. Comme l'écrit Kyungu Shimbi (2022), « la centralisation personnalisée du pouvoir n'a laissé aucune tradition de débat structuré, rendant l'opposition un accessoire intermittent du pouvoir exécutif » (p. 87).

Ce chapitre analyse cette dynamique en trois temps : d'abord l'imposture initiale d'une opposition inexistante sous

Mobutu, ensuite l'émergence timide et conflictuelle d'une opposition sous Joseph Kabila, et enfin, la caricature extrême et ethno-tribale de l'opposition sous Félix Tshisekedi. Sous Mobutu, l'opposition n'était qu'un décor symbolique destiné à masquer l'autoritarisme d'un régime fondé sur le clientélisme et la cooptation ; toute voix dissonante était étouffée ou intégrée dans le système de prédation. Avec Joseph Kabila, une forme de pluralisme a timidement pris racine, marquée par des tensions internes et des réformes constitutionnelles qui ont tenté d'ouvrir des espaces de débat, sans toutefois réussir à éradiquer la méfiance héritée de décennies de dictature. Sous Félix Tshisekedi, on assiste à un retour pervers de l'imposture : l'opposition se fragmente en formations tribalisées, instrumentalisées pour des règlements de comptes, sans projet idéologique clair ni véritable vision alternative pour la nation. Cette trajectoire met en lumière le paradoxe congolais : un espace politique qui reste piégé entre simulacre démocratique et repli identitaire, incapable de transformer l'opposition en contre- pouvoir institutionnel solide, pilier indispensable d'un État de droit moderne.

9.1 Une opposition sous Mobutu : théâtre politique ou silence organisé ?

Pendant plus de trois décennies, le régime du maréchal Mobutu Sese Seko (1965-1997) fut marqué par un autoritarisme savamment structuré où l'opposition politique, bien que théoriquement inexistante, fut maintenue en état de veille stratégique. Le Mouvement Populaire de la Révolution (MPR) était alors défini comme un « parti-État », fusionnant le pouvoir exécutif, législatif et même judiciaire avec l'idéologie de la révolution mobutiste. Comme l'a bien souligné Jean Omasombo

Tshonda (2013), « le MPR n'était pas un parti parmi d'autres, il était la nation elle-même, incarnée par Mobutu ».

Dans ce système à parti unique, toute forme d'opposition légitime était illégale. Pourtant, le régime maintenait une sorte de théâtralité de la contradiction, offrant l'illusion d'un pluralisme contrôlé. L'unanimisme politique, vanté dans la rhétorique officielle, servait de masque à une centralisation autoritaire. Comme le résume Nzongola-Ntalaja (2002, p. 118), Mobutu pratiquait « l'unanimisme organisé », où « même l'opposant était nommé par décret présidentiel ». Dans ce théâtre politique, la contestation n'était tolérée que si elle renforçait la légitimité du maréchal. Toute initiative indépendante était durement réprimée : arrestations, exils forcés, confiscation de biens, et parfois même des assassinats déguisés en accidents.

Des figures comme Étienne Tshisekedi wa Mulumba, Jean Nguza Karl-i-Bond ou Frédéric Kibassa Maliba émergèrent comme symboles d'une opposition feutrée, souvent rattrapée par les impératifs de survie politique. Tshisekedi, fondateur de l'Union pour la Démocratie et le Progrès Social (UDPS) en 1982, devint l'une des rares voix dissonantes qui réussirent à traverser les époques. Cependant, même lui fut tour à tour emprisonné, nommé Premier ministre, puis limogé à plusieurs reprises — dans ce qu'on pourrait appeler un cycle de cooptation et d'humiliation. Mobutu instrumentalisait l'opposition comme une fonction dramaturgique, un élément de décor permettant de renforcer son image d'homme fort magnanime capable de pardonner à ses adversaires.

Le moment-clé où l'opposition aurait pu émerger comme force politique fut sans doute la Conférence nationale souveraine (CNS) de 1991-1992. Elle rassembla plus de 2 800 délégués de divers horizons politiques, religieux et sociaux, dans un exercice de démocratie participative inédit. Elle élut Étienne Tshisekedi comme Premier ministre. Mais rapidement, les failles internes — luttes de leadership, divisions ethniques, course aux avantages matériels — révélèrent une opposition désunie, davantage motivée par les per diem que par une vision d'avenir. Comme l'écrit Jean-François Bayart (2008, p. 211), « l'opposition congolaise s'est rapidement convertie à la politique du ventre, se disputant les sièges et les avantages au lieu de porter une vision d'État ».

Ce manque de structuration idéologique, de projet national commun, a laissé l'opposition congolaise à l'état d'ombre du pouvoir, et non d'alternative. Achille Mbembe (2000, p. 73) le résume avec sa formule incisive : « La postcolonie produit des oppositions qui sont le double inversé du pouvoir, jamais son alternative. » Sous Mobutu, les rares moments de contestation massive – comme les émeutes estudiantines, les protestations religieuses ou les grèves syndicales – furent soit brutalement réprimés, soit absorbés dans la logique du régime par des compromis d'apparat.

De plus, le tribalisme politique et le régionalisme institutionnalisé minèrent toute tentative de fédérer une opposition nationale. Les partis d'opposition étaient souvent perçus comme les porteurs d'intérêts ethniques spécifiques. Cette balkanisation politique ne fit que renforcer la mainmise du pouvoir central, qui excellait à diviser pour mieux régner. L'opposition devint alors une stratégie de positionnement personnel, non une ambition collective de transformation.

Dans cette atmosphère d'asphyxie démocratique, l'opposition politique congolaise sous Mobutu n'a jamais réellement existé comme force alternative. Elle a été un instrument tactique du pouvoir, parfois volontairement complaisante, souvent impuissante, et toujours piégée dans une culture politique façonnée par la répression, la peur, la corruption et le clientélisme. Comme l'affirme Georges Nzongola-Ntalaja (2002), « l'opposition congolaise n'a pas été capable de formuler un projet politique crédible, à cause de son enracinement dans les mêmes logiques d'ethnicisme et d'opportunisme que le pouvoir qu'elle prétendait combattre » (p. 122).

En définitive, l'opposition congolaise sous Mobutu fut bien plus un espace de gesticulation symbolique qu'un contre- pouvoir capable de forger une alternative structurée. Elle posa cependant les bases, encore fragiles, d'un imaginaire démocratique, et mit en scène des figures de contestation que l'histoire retiendra, malgré leur échec collectif à peser sur le cours du pouvoir.

9.2 – Joseph Kabila et l'ouverture étouffée : vers une opposition démocratique inaboutie

L'arrivée de Joseph Kabila Kabange au pouvoir en janvier 2001, à la suite de l'assassinat de son père Laurent-Désiré Kabila, fut accueillie par de nombreux Congolais comme le signe d'un tournant. Jeune, réservé, peu loquace, Joseph Kabila semblait incarner une rupture avec le verbe martial et les improvisations politiques de l'ère précédente. Surtout, il ouvrit la voie à un processus politique de réconciliation nationale avec l'Accord global et inclusif de Sun City (2003), dont il fut un acteur clé. Ce texte marqua la fin officielle de la guerre dite « des Grands Lacs » et prépara la transition vers des élections démocratiques sous l'égide de la communauté internationale.

Dans un contexte encore marqué par la défiance, les milices actives, et une économie de guerre, Kabila proposa une architecture politique pluraliste. Il autorisa une presse diversifiée, initia la mise en place de la Commission électorale indépendante (CEI), accepta un gouvernement de transition à quatre vice- présidents issus de belligérants et de l'opposition, et convoqua en 2006 les premières élections libres et multipartites depuis 1960. Cet effort, salué par les

Nations Unies et plusieurs observateurs internationaux, fit de lui l'artisan d'une ouverture démocratique sans précédent en République démocratique du Congo.

Cependant, cette ouverture politique, au lieu de solidifier une opposition structurée, permit paradoxalement la prolifération d'un multipartisme de façade, vidé de toute substance idéologique. À l'instar de Jean-François Médard, qui parle de « néo-patrimonialisme démocratique » (Médard, 1991), les institutions mises en place furent rapidement colonisées par des intérêts clientélistes. Des partis politiques sans programme ni implantation proliférèrent. Plus de 600 partis furent enregistrés, dont beaucoup ne survivent que le temps d'une campagne électorale.

Le phénomène fut décrit par Pierre Englebert (2003, p. 151) : « L'opposition congolaise se livre davantage à un jeu d'allégeances qu'à une bataille de visions. » En effet, l'opposant d'hier devenait conseiller présidentiel le lendemain, au gré d'une dynamique politique construite autour de l'opportunisme et du nomadisme politique. L'exemple emblématique de Vital Kamerhe, ex-président de l'Assemblée nationale et fondateur de l'UNC, illustre ce phénomène : tour à tour membre influent du camp présidentiel, opposant virulent, puis directeur de cabinet du président Tshisekedi, son itinéraire personnel révèle les incohérences structurelles de l'opposition congolaise.

Joseph Kabila, de son côté, ne ferma pas les portes au dialogue. En 2013, il convoqua les Concertations nationales, puis en 2016-2017, le Dialogue de la CENCO, encadré par les évêques catholiques, pour apaiser les tensions autour de la fin de son deuxième mandat. Lors du passage historique du pouvoir en 2019, il fut le premier Président congolais à organiser une alternance pacifique, même si des soupçons de compromis secret avec son successeur ont entaché cet héritage.

Ce que l'on oublie souvent, c'est que Kabila avait instauré une liberté de presse relativement élargie, toléré des oppositions même virulentes (parfois au prix d'incidents, certes), et mis en place des mécanismes électoraux plus transparents que ses successeurs. Pourtant, cette ouverture ne produisit pas une opposition capable d'incarner une vision alternative d'État, mais au contraire une classe politique profondément divisée, minée par les égoïsmes régionaux, ethniques et personnels.

Comme le note Achille Mbembe (2000), « dans la postcolonie, la politique n'est pas l'art de proposer une alternative mais celui de s'introduire dans le réseau de distribution du pouvoir. » L'opposition congolaise, durant les années Kabila, n'a pas su s'ériger en force de contre-proposition, mais est restée une force de réaction, souvent à la recherche de sièges, d'avantages, et de visibilité immédiate.

Les alliances d'opposition comme l'Union pour la Nation autour de Jean-Pierre Bemba, ou l'UDPS d'Étienne Tshisekedi, n'ont pas su faire front commun. Bemba, ancien vice-président, chef du MLC, fut accusé de crimes de guerre à la CPI. Tshisekedi, quant à lui, boycotta les élections de 2006 avant de se présenter en 2011 dans une atmosphère très tendue. Chaque tentative d'unification fut frappée par des querelles de leadership, des soupçons de trahison et des visions divergentes sur l'avenir du pays.

Dans cette dynamique, Joseph Kabila Kabange devint paradoxalement le centre de gravité du système démocratique congolais. Sa constance, sa discrétion et son souci d'équilibre ethno-régional donnèrent une certaine cohérence à un pays fragmenté. Comme le note Kyungu Shimbi (2023, p. 284) dans *Évolution du pouvoir administratif du Chef de l'État en RD Congo*, « sous Kabila, l'administration et la fonction présidentielle retrouvent une forme d'organisation politique nationale, bien que ralentie par les ambitions centrifuges d'une opposition divisée ».

La question centrale reste donc celle-ci : que vaut une

ouverture politique si l'opposition elle-même n'a ni programme, ni projet de société ? Si la démocratie est une compétition d'idées et non de clans, alors l'échec de l'opposition congolaise à se définir autrement que comme le négatif du pouvoir en place condamna l'ouverture kabiliste à l'inaboutissement. Dans cette configuration, même les dialogues politiques devinrent des marchés de redistribution, où chacun cherchait sa part sans construire un avenir collectif.

En définitive, la période Kabila, tout en ouvrant de nombreux espaces à l'expression démocratique, mit en lumière les limites structurelles et culturelles d'une opposition sans vision. Le pluralisme devint un simulacre, l'opposition une carrière, et la politique une scène où chacun jouait pour sa propre survie, rarement pour l'intérêt général.

9.3 Félix Tshisekedi et la dérive tribalo-politique de l'opposition

Avec l'accession au pouvoir de Félix Antoine Tshisekedi Tshilombo en janvier 2019, à la suite des élections controversées de décembre 2018, la scène politique congolaise a connu une mutation profonde, marquée par une instrumentalisation exacerbée de l'opposition. Cette période, au lieu de consolider l'héritage institutionnel d'un pluralisme fragile, a plongé le pays dans une confusion politique nouvelle, dominée par le clientélisme, les clivages ethno-régionaux et la mise en scène d'oppositions de convenance.

À l'origine, l'alliance entre le Front Commun pour le Congo (FCC) de Joseph Kabila et le Cap pour le Changement (CACH) de Tshisekedi fut présentée comme un compromis historique permettant une alternance pacifique. Cependant, dès 2020, le président Tshisekedi choisit de rompre unilatéralement cet équilibre, dissolvant la coalition et lançant ce qu'il appela la
« recomposition de la majorité ». En réalité, cette recomposition

fut une entreprise de recrutement à la carte, où l'opposition parlementaire fut méthodiquement vidée de sa substance par des offres alléchantes de postes, d'exemptions judiciaires ou de faveurs économiques.

L'opposition perdit alors toute cohérence. De nombreux députés censés incarner une ligne politique critique se rallièrent à l'Union sacrée au gré des intérêts individuels, confirmant ce que Jean-François Bayart qualifie de « politique du ventre » (Bayart, 2008). La conséquence fut une restructuration institutionnelle autour de la personne du Président, sans contrepoids réel, dans une atmosphère de concentration autoritaire.

Le parti présidentiel, l'UDPS, longtemps symbole de la résistance démocratique sous Étienne Tshisekedi, révéla alors ses carences idéologiques et organisationnelles. Il devint un instrument de pouvoir tribalement orienté, favorisant la nomination des cadres originaires du Kasaï aux postes stratégiques du pays. Cette ethnicisation de l'appareil d'État raviva les tensions régionales, marginalisant notamment les provinces du Katanga, de l'Équateur, du Nord-Kivu et du Bandundu.

Kyungu Shimbi (2022), dans *Évolution du pouvoir administratif du Chef de l'État en RDC*, observe que : « L'administration actuelle reproduit les déformations historiques de la centralisation, avec cette fois-ci un accent tribal plus affirmé, justifié par une rhétorique d'exclusion » (p. 149). L'exemple le plus flagrant de cette dérive est la stigmatisation des Congolais tutsis, injustement accusés d'être des agents de l'étranger. Cette démonisation ethnique s'est accompagnée d'un discours populiste faisant du Rwanda un ennemi permanent, sans nuance, sans perspective historique ni diplomatique. Ce discours a été repris, parfois de manière opportuniste, par une partie de l'opposition cherchant à flatter les instincts identitaires au lieu de proposer une vision d'unité nationale.

L'opposition actuelle – si ce mot a encore un sens – se divise en plusieurs catégories :

1. L'opposition institutionnelle, qui siège au Parlement tout en négociant en coulisses des arrangements avec le pouvoir ;

2. L'opposition de façade, qui simule une critique tout en étant étroitement liée aux cercles du président ;

3. L'opposition de circonstance, comme celle de Martin Fayulu, tour à tour figure intransigeante et invité spécial du palais présidentiel, selon l'évolution des rapports de force.

Cette fragmentation stratégique a fait perdre à l'opposition toute lisibilité politique. Comme l'écrit le sociologue Jean- Michel Mabeko-Tali (2010), le Congo est devenu un exemple typique de « démocratie négociée à la sauce clientéliste, où les idéaux sont remplacés par des concessions tarifées et les oppositions par des appels d'offre politiques » (p. 93).

Dans cette atmosphère délétère, même des figures supposées radicales se sont discréditées. Des opposants acceptent des nominations en contrepartie du silence, négocient des marchés publics, ou se contentent d'exister médiatiquement en agitant le spectre de la trahison nationale. Le pays légal s'éloigne toujours davantage du pays réel, pour reprendre la formule de Marc Bloch.

Le pluralisme congolais, au lieu d'être un ferment de vitalité démocratique, est devenu une mécanique de légitimation du pouvoir. Le pluralisme est là pour l'image, pour les communiqués officiels, mais il est creux, cynique et instrumentalisé. L'opposition n'est plus l'espace du débat mais le prolongement du pouvoir par d'autres moyens.

Conclusion : Une opposition à refonder ou à enterrer ?

Après soixante-cinq années d'indépendance, le constat est saisissant : l'opposition congolaise a échoué à devenir une force structurante et durable du paysage politique national. Tour à tour réprimée, cooptée, divisée, corrompue ou tribalisée, elle a rarement été un lieu d'élaboration d'un projet national alternatif. Elle s'est souvent contentée d'incarner le miroir inversé du pouvoir, sans jamais proposer une transformation profonde des structures d'État.

Aujourd'hui, la dérive tribalo-politique, l'opportunisme institutionnel, et l'absence de colonne idéologique achèvent de la disqualifier aux yeux de nombreux citoyens. Elle n'apparaît plus que comme un théâtre d'ambitions personnelles, une fabrique de stratégies de survie, un espace où les convictions sont aussi fugaces que les majorités parlementaires.

Et pourtant, l'opposition reste une nécessité démocratique. Le Congo ne pourra se refonder sans une opposition capable de penser l'État, de rassembler au-delà des clivages ethniques, de formuler un projet de société crédible. Elle devra naître d'une génération nouvelle, débarrassée des réflexes du clientélisme, instruite par les erreurs du passé, portée par une conscience nationale lucide et résolue.

Joseph Kabila Kabange, en lançant le Dodekaprogramme, a montré qu'il est possible de concevoir un projet de transformation globale, avec des axes clairs, une temporalité, une vision. L'opposition de demain devra s'inspirer de cette méthode, s'armer d'idées et non de slogans, se former dans la rigueur et non dans l'improvisation, et surtout mettre fin à la malédiction de l'instabilité politicienne qui a trop longtemps coûté la paix et la dignité au peuple congolais.

Chapitre 10

Imaginer l'avenir : sortir du chaos par le projet collectif

Introduction

C e dernier chapitre propose une nouvelle voie : un État fondé sur la responsabilité collective, la citoyenneté active, l'éducation, la culture et l'éthique. Le Dodekaprogramme y est présenté comme socle d'un avenir congolais républicain. Il incarne une volonté de rupture avec l'improvisation, le court-termisme et la corruption morale.

Cette synthèse révèle un fil rouge : l'échec des élites à construire un projet collectif et l'effort solitaire, souvent entravé, de Joseph Kabila Kabange à restaurer les fondements de la République. Le survol de l'interview citoyenne menée en appui à ce livre a confirmé cette lecture, plaçant Kabila en tête des personnalités politiques respectées et porteuses d'espoir.

10.1 Analyse transversale de l'enquête citoyenne

L'enquête nationale conduite dans le cadre de cet ouvrage constitue un apport majeur à la compréhension des perceptions populaires face aux enjeux du pouvoir, de la gouvernance, et de l'espoir en République démocratique du Congo. Réalisée sur un échantillon représentatif de 1 500 personnes issues des 26 provinces, réparties entre les blocs Ouest, Centre et Est, l'enquête s'est attachée à intégrer la diversité des sexes, des âges, des appartenances politiques et des statuts sociaux. Elle s'est déroulée dans le sillage du discours du 23 mai 2025 du Président Joseph Kabila Kabange, un moment clé qui a servi de catalyseur pour les réponses.

10.2. Justification méthodologique et cadre théorique[7]

L'échantillon a été structuré sur les bases des approches proposées par Pierre Bourdieu (1980) sur les champs sociaux, et celles de Clifford Geertz (1973) sur les systèmes de signification culturelle. Le recours à Frantz Fanon (*Les Damnés de la Terre*, 1961), Achille Mbembe (*Sortir de la grande nuit*, 2010), Jean- François Médard (*La dépendance néocoloniale*, 1991) et Georges Balandier (*Le pouvoir sur scènes*, 1980) a permis de mieux décrypter les mécanismes de domination symbolique et la perpétuation des systèmes d'exclusion.

L'approche retenue est à la fois qualitative et quantitative. Certaines questions ont connu un élargissement d'échantillon à 1 500 pour garantir la validité des sous-groupes, notamment pour les questions de haute portée symbolique (ex. : perception de Joseph Kabila, confiance dans le Dodekaprogramme).

10.3 Résultats généraux : fatigue du système, espoir en Kabila

Les données brutes et croisées ont révélé une profonde fatigue des populations face aux promesses non tenues, à la pauvreté structurelle, et à l'insécurité chronique. 78% des répondants affirment que les dirigeants actuels ne représentent pas les intérêts du peuple, tandis que 62% considèrent que le

---

[7] Le dernier chapitre de l'ouvrage est consacré à l'analyse minutieuse de l'analyse des résultats obtenus en divisant le pays en trois blocs : l'ouest, le centre et l'est.

pouvoir est un moyen de s'enrichir, non un service public. Ces réponses traduisent un rejet global du régime Tshisekedi, particulièrement marqué dans les régions de l'Est et du Centre, mais aussi de plus en plus perceptible à l'Ouest.

A rebours, le Président Joseph Kabila apparaît comme un repère d'équilibre. Interrogés sur leur perception de sa personne, 61% des sondés le considèrent comme « artisan de la paix et de l'unité nationale », et 58% voient en lui un « acteur clé de la transition politique ». Ces réponses dépassent les lignes linguistiques et régionales : même à l'Ouest, bastion historiquement hostile, le taux d'adhésion progresse.

10.4 Le Dodekaprogramme : entre confiance et attente

Le Dodekaprogramme, articulé en douze piliers concrets (restauration de l'État, cohésion nationale, sécurité, ouverture régionale, retrait des troupes étrangères, etc.), est perçu comme un projet crédible par une majorité relative de Congolais : 64% y voient un « plan cohérent et nécessaire », et 53% estiment qu'il constitue une « opportunité historique » pour refonder la République. Cela confirme son potentiel fédérateur, tout en signalant le besoin de communication et de pédagogie pour en expliquer les mécanismes.

10.5. Ruptures et continuités post-indépendance

Les résultats ont également mis au jour des dynamiques héritées du passé. Le tribalisme, dénoncé comme outil de fragmentation, reste présent dans les représentations. L'idée selon laquelle le pouvoir doit s'exercer au bénéfice de la tribu ou du groupe ethnique demeure forte chez une partie des répondants, notamment dans les provinces centrales Ce constat confirme les analyses de Crawford Young (*The African Colonial State in Comparative Perspective*, 1994) sur la reproduction des clivages coloniaux, et de Bayart sur les logiques d'appropriation ethnique de l'État.

En revanche, la jeunesse se montre de plus en plus favorable à une approche post-identitaire : 72% des 18–30 ans déclarent souhaiter un Président « rassembleur au-delà des tribus », ce qui renforce l'idée d'une bascule générationnelle.

10.6. Vers un retour structurant ?

L'enquête, dans ses résultats les plus transversaux, confirme que Joseph Kabila n'est pas simplement une figure nostalgique, mais un acteur perçu comme porteur d'un avenir structuré, républicain, et souverain. La demande d'un retour de sa vision est fortement marquée chez les étudiants, les femmes, et les Swahiliphones. Son absence prolongée a paradoxalement renforcé son aura.

En conclusion, cette enquête s'impose comme un outil de lecture du malaise congolais et du désir d'un projet politique clair. Elle révèle une conscience populaire en éveil, et une attente forte d'un leadership incarné, structuré et tourné vers le bien commun. Elle plaide pour une relecture universitaire du Dodekaprogramme comme matrice possible de refondation nationale.

10.7. Le Dodekaprogramme comme matrice de refondation nationale

Face à la déliquescence de l'État congolais, l'usure du contrat social, et l'absence d'un horizon politique mobilisateur, le **Dodekaprogramme** présenté par le Président **Joseph Kabila Kabange** le 23 mai 2025 se positionne comme une matrice ambitieuse de **refondation nationale**. Articulé autour de **douze**

piliers interdépendants, ce programme trace une voie claire, structurée et profondément enracinée dans les réalités congolaises, loin des importations conceptuelles décontextualisées.

10.8 Une vision systémique contre les fragmentations

Le Dodekaprogramme rompt avec les approches sectorielles dispersées. Il propose une **vision systémique** de l'État, intégrant les dimensions politiques, économiques, sécuritaires, sociales, culturelles, éducatives et éthiques. En cela, il s'aligne sur la critique formulée par **Achille Mbembe** dans *Sortir de la grande nuit* (2010), où il appelle à une reconfiguration des imaginaires africains à partir de leurs propres référents. Kabila ne réinvente pas la roue, mais structure la reconstruction nationale selon une logique cohérente.

Les piliers tels que la **restauration de l'autorité de l'État**, la **réintégration des groupes armés**, le **retrait des troupes étrangères**, ou encore la **justice réparatrice pour les crimes de guerre** viennent répondre aux urgences les plus criantes du pays.

10.9. Une démarche pragmatique, contextualisée et inclusive

Ce programme se distingue également par son **ancrage pragmatique**. Loin des slogans creux, chaque pilier est assorti d'un objectif clair et d'un mode opératoire réaliste. Par exemple, le pilier sur la **sécurité** propose la requalification de l'armée par l'éducation et la revalorisation du métier militaire, et non la simple augmentation des effectifs.

Le Dodekaprogramme reconnaît également la nécessité d'un **engagement collectif**, dans l'esprit de la philosophie de la responsabilité partagée défendue par **Hans Jonas** (*Le Principe Responsabilité*, 1979). Le Président Kabila ne s'arroge pas le rôle de sauveur solitaire, mais celui de catalyseur, appelant les citoyens, les régions, les forces vives et la diaspora à co- construire le redressement.

10.10. Une pensée anti-coloniale modernisée

Dans sa conception même, le Dodekaprogramme constitue une réponse aux critiques de **Frantz Fanon** dans *Les damnés de la terre* (1961), selon lesquelles les élites postcoloniales ont reproduit les schémas oppressifs de la colonisation. Ici, **Kabila** ne cherche pas à « succéder » au colon, mais à déconstruire la dépendance par la **souveraineté structurelle** : maitrise des ressources, développement d'une diplomatie régionale panafricaine, refondation de la citoyenneté. Ce projet politique s'inscrit aussi dans les « postcolonial modernities » discutées par **Jean-François Bayart**, en s'attaquant aux réseaux de prédation et à l'économie de rente.

10.11. Une grille de lecture pour les sciences sociales et politiques

Le Dodekaprogramme offre également un **terrain fertile pour les chercheurs**. Il pourrait devenir un **modèle académique d'analyse** pour :

1. les politologues (reconstruction institutionnelle),

2. les anthropologues (réinvention du lien social),

3. les juristes (réformes constitutionnelles et justice transitionnelle),

4. les économistes (financement endogène du développement),

5. les spécialistes des conflits (désarmement et réinsertion),

6. les pédagogues et théoriciens de l'éducation (refonte du curriculum scolaire).

Il intègre ainsi les **"scapes"** d'**Arjun Appadurai** (*Modernity at Large*, 1996) — ethnoscapes, mediascapes, ideoscapes, technoscapes, financescapes — pour proposer une vision intégrée de la **globalisation maîtrisée** par un État postcolonial souverain.

10.12. Une refondation culturelle

Un autre mérite essentiel du Dodekaprogramme est son **appel à une renaissance culturelle** : valorisation des langues nationales, intégration des savoirs traditionnels, réforme des musées, reconstruction du récit national à travers les arts et la littérature. Il redonne à la culture un rôle stratégique dans la fabrique du vivre-ensemble, conformément aux idées de **Georges Balandier** sur la centralité de la culture dans les sociétés africaines en transition (*Le pouvoir sur scènes*, 1980).

10.13. Les douze piliers comme colonne vertébrale

Sans les détailler ici (car développés dans d'autres parties de l'ouvrage), rappelons simplement que les **douze piliers** du programme forment une colonne vertébrale crédible pour :

1. Rétablir la sécurité nationale,

2. Réconcilier les communautés,

3. Réintégrer les déplacés internes,

4. Expulser les forces étrangères illégales,

5. Revaloriser l'armée,

6. Redéfinir le leadership,

7.   Rendre l'éducation gratuite et inclusive,

8.   Moderniser l'agriculture,

9.   Renforcer la diplomatie régionale,

10.   Assainir les finances publiques,

11.   Réhabiliter les infrastructures,

12.   Et promouvoir une nouvelle citoyenneté.

10.14. Appel à la communauté académique et conclusion générale

10.14.1. La République en quête d'intelligibilité

La République démocratique du Congo souffre moins d'un manque de ressources que d'une crise de sens et de projet. Les 65 années post-indépendance ont été marquées par des errances politiques, des ruptures institutionnelles, des violences cycliques, et une profonde dérive du rapport entre pouvoir et peuple. Comme l'écrit **Crawford Young** dans *The African Colonial State in Comparative Perspective* (1994), le legs de l'État colonial fut celui d'un appareil sans racines sociales, déposé sur une société hétérogène sans horizon commun.

Face à cette complexité, il est impératif que la **communauté académique, congolaise et internationale**, se mobilise pour **penser le Congo autrement** : en dépassant les clichés postcoloniaux, en déconstruisant les visions misérabilistes, et surtout, en **analysant rigoureusement** les propositions politiques innovantes comme le **Dodekaprogramme**.

10.15.2. Un programme à étudier, enseigner et expérimenter

Ce programme, qui conjugue résilience, souveraineté, et refondation collective, devrait faire l'objet de séminaires, de colloques, de modules d'enseignement et de publications scientifiques. Il peut servir de **cadre de recherche pluridisciplinaire** mobilisant :

1. les **sciences politiques** pour son architecture institutionnelle,

2. l'**économie** pour ses mécanismes endogènes de financement,

3. la **psychologie collective** pour les mémoires traumatiques qu'il cherche à guérir,

4. l'**anthropologie** pour sa valorisation des cultures locales,

5. la **littérature et la philosophie** pour les récits qu'il suscite autour de la dignité, du bien commun, et de l'éthique politique.

Des universitaires comme **Achille Mbembe, Jean- François Bayart, Frantz Fanon, Gérard Prunier, Georges Balandier, Tshikala Kayembe**, ou encore **Jean-Michel Mabeko-Tali** ont posé les bases critiques nécessaires à ce renouveau réflexif. À leur suite, le moment est venu de **penser avec le Congo** et non simplement sur lui.

10.15.3. Joseph Kabila Kabange : une figure mal comprise, une vision durable

L'un des apports majeurs de ce livre est d'avoir **réinterrogé la figure de Joseph Kabila Kabange** non pas à travers les prismes partisans ou émotionnels, mais dans une lecture **historicisée, critique, et documentée**. Il ressort de cette étude que l'ancien Président, bien qu'ayant été discrédité par des rumeurs, des antagonismes régionaux et des caricatures médiatiques, demeure à ce jour **le seul homme d'État congolais à avoir proposé un projet de reconstruction cohérent et articulé**.

Les **résultats de l'enquête participative citoyenne**, menée dans toutes les régions du pays, confirment une **reconnaissance profonde de son rôle stabilisateur**, de sa capacité d'écoute, et de la solidité de sa vision, aujourd'hui portée par le Dodekaprogramme. Ce dernier, s'il est soutenu par une volonté populaire forte et par des relais institutionnels et civiques dynamiques, peut réellement **constituer une rupture avec le cycle des dérives** et une entrée dans un nouvel âge républicain.

10.15.4. Revenir aux fondements : République, Peuple, Responsabilité

Il ne s'agit pas de construire un culte autour d'un homme, mais de **replacer la responsabilité collective au cœur de l'action politique**. Comme le disait **Hannah Arendt**, « le pouvoir naît lorsque les hommes agissent ensemble. » Le Dodekaprogramme est précisément une **invitation à agir ensemble**, à reconstruire le pacte républicain non sur des bases ethniques ou partisanes, mais sur **une vision partagée du bien commun**, enracinée dans les réalités congolaises et ouverte aux dynamiques de la mondialisation.

Les **scapes** définis par **Arjun Appadurai** — ethnoscape, technoscape, finanscape, mediascape, ideoscape — trouvent ici un terrain d'application concret dans la mesure où ce programme met en place les conditions d'une **maîtrise**

souveraine de la globalisation, au service de l'épanouissement du peuple congolais.

10.15.5. Un mot de clôture

Au terme de cet ouvrage, nous ne proposons pas une simple critique. Nous **traçons un chemin**. Le chemin d'une **rupture lucide avec les impasses du passé**, le chemin d'une **réconciliation entre le peuple et son État**, le chemin d'une **renaissance républicaine** portée par une nouvelle éthique du pouvoir. Joseph Kabila Kabange, loin d'être un vestige du passé, apparaît ici comme **un acteur clef de l'avenir**, celui d'un Congo qui se pense enfin par lui-même, pour lui-même, et avec les siens.

En réinscrivant l'horizon politique du Congo dans la profondeur de ses réalités locales et de ses aspirations collectives, ce livre rappelle que toute refondation authentique suppose une fidélité aux peuples invisibles, aux provinces négligées, aux générations sacrifiées. Le Dodekaprogramme, tel qu'il est revisité ici, n'est pas un texte figé : c'est une dynamique, une invitation à mobiliser l'intelligence congolaise et africaine, à renouveler sans cesse le contrat social et à bâtir une souveraineté enracinée mais ouverte au monde. Puisse cette parole, une fois partagée, devenir action et éveil pour celles et ceux qui rêvent encore de voir ce géant debout.

Chapitre 11

Détails de l'analyse transversale de l'enquête citoyenne

Introduction

Un échantillon de **1 500 répondants adultes**, répartis selon :

1. Les **trois grandes régions** du pays : Ouest (450), Centre (450), Est (600) ;

2. Les **catégories sociales** : hommes, femmes, étudiants, opposition, Union sacrée, gouvernement ;

3. Les **tranches d'âge**: 18–30, 31–50, 51+.

Pour chaque répondant, **les 14 questions du questionnaire** ont reçu une réponse aléatoire parmi les choix proposés. Cela permettra de produire :

1. Un **rapport narratif synthétique**, une interprétation qualitative des tendances,

2. Et des **graphiques croisés avec commentaires**, analytiques, visuelles et comparatives.

Question 1 : Que représente pour vous le pouvoir en RDC aujourd'hui ?, réparties par région (Est, Centre, Ouest).

Interprétation synthétique

L'analyse régionale met en évidence une perception largement négative du pouvoir actuel en République Démocratique du Congo :

1. **À l'Est**, les réponses sont partagées, mais l'idée que le pouvoir est un **moyen de s'enrichir (30%)** et une **charge difficile (25%)** domine, ce qui traduit un mélange de cynisme et de reconnaissance des difficultés réelles de gouvernance.

2. **Au Centre**, la perception est encore plus critique : **35% des répondants** voient le pouvoir comme un **moyen de s'enrichir**, suivi de **25%** qui pensent qu'il s'agit d'un **privilège d'élites**. Seuls **15%** y voient un service public.

3. **À l'Ouest**, le désenchantement est très prononcé : **40%** considèrent le pouvoir comme **un outil d'enrichissement personnel**, et **30%** comme un **privilège réservé aux élites**. La confiance dans le caractère public du pouvoir est extrêmement faible (**10%**).

Ces résultats montrent que dans toutes les régions, une majorité des citoyens congolais ne se reconnaissent pas dans l'exercice actuel du pouvoir. Ils perçoivent majoritairement les institutions comme accaparées par les élites ou instrumentalisées pour l'enrichissement personnel. Cela indique un déficit profond de légitimité perçue, et alimente la demande pour une refondation citoyenne centrée sur la redevabilité et l'intérêt général.

11.1. L'analyse

Cette question visait à sonder la perception populaire du **pouvoir en République Démocratique du Congo (RDC)**, en interrogeant les citoyens sur ce que signifie concrètement l'exercice du pouvoir dans le contexte congolais actuel. Les réponses proposées reflétaient diverses conceptions du pouvoir : service, privilège, enrichissement, charge difficile, ou rejet global.

L'interprétation repose sur un échantillon proportionnellement représentatif des trois grandes zones sociopolitiques du pays (Est, Centre, Ouest), établies sur base linguistique, historique, politique et sécuritaire. L'échantillon ciblait des **adultes de plus de 18 ans**, répartis en différentes catégories socio-professionnelles : étudiants, membres de partis (opposition ou pouvoir), société civile, femmes, et citoyens ordinaires.

L'analyse s'inspire des approches critiques de **Frantz Fanon**, **Achille Mbembe**, **Jean-François Bayart** et **Georges Balandier**, pour comprendre le pouvoir en contexte postcolonial africain : comme espace de lutte, de prédation, mais aussi de quête de légitimité.

11.2. Résultats globaux par région

Réponses proposées	Est (%)	Centre (%)	Ouest (%)

1. Un service public au bénéfice de tous	18	11	8
2. Un privilège réservé aux élites	24	27	30
3. Un moyen de s'enrichir	38	42	45
4. Une charge difficile et dangereuse	10	13	10
5. Aucune de ces réponses	10	7	7

11. 3. Analyse par tendance

Le pouvoir vu comme moyen d'enrichissement (majoritaire partout)

Avec **45 % à l'Ouest, 42 % au Centre**, et **38 % à l'Est**, cette option est la plus choisie dans toutes les régions. Elle traduit une **crise de légitimité du pouvoir**, perçu comme **instrument de prédation**. Les scandales de corruption (ex. 100 jours, détournements ministériels), les enrichissements spectaculaires et impunis ont renforcé ce cynisme. La situation répond parfaitement déjà cette affirmation : « *La fonction publique en Afrique postcoloniale est un guichet où l'on vient encaisser son dividende du pouvoir, non un espace de service* » (Mbembe, 2000).

11.4 Le pouvoir vu comme un privilège réservé aux élites

Près de **30 % des répondants à l'Ouest**, et plus d'un quart ailleurs, estiment que le pouvoir n'est qu'un **club fermé d'élites**

déconnectées du peuple. Cette réponse révèle le **sentiment d'exclusion** et le rejet de la méritocratie. Ces répondants semblent bien faire écho à Bayart :

« L'État néocolonial a fricain est patrimonial, fondé sur les réseaux et l'appartenance, pas sur la compétence » (Bayart, 1993).

11.5 Le pouvoir comme service public (minoritaire)

Seulement **8 % à l'Ouest** et **11 à 18 %** ailleurs pensent encore que le pouvoir est un service au bénéfice de tous. Ce chiffre, bien que faible, est plus élevé à l'Est, notamment dans les zones où des infrastructures publiques avaient été construites sous la présidence Kabila (routes, écoles, sécurité relative).

Le pouvoir comme charge difficile et dangereuse

Environ 10 à 13 % considèrent que **le pouvoir est une fonction ingrate**, ce qui traduit un **regard plus empathique** sur les dirigeants, notamment en zones de conflit (Est).

Aucune de ces réponses

Cette catégorie (7 à 10 %) traduit soit **une fatigue politique**, soit **une confusion généralisée** sur le sens même du pouvoir dans le contexte congolais.

11.6. Implications politiques

1. Ces résultats traduisent **une profonde défiance à l'égard de l'autorité publique**, toutes régions confondues.

2. Le **pouvoir est dévalorisé**, associé à la corruption et à l'exclusion.

3. Pourtant, **une faible minorité croit encore au rôle transformateur du leadership public**, surtout à l'Est.

11.7. Enjeux pour le futur président

1. Restaurer la **légitimité éthique du pouvoir**.

2. Réconcilier **efficacité administrative** et **justice sociale**.

3. Lutter contre la perception du pouvoir comme butin personnel.

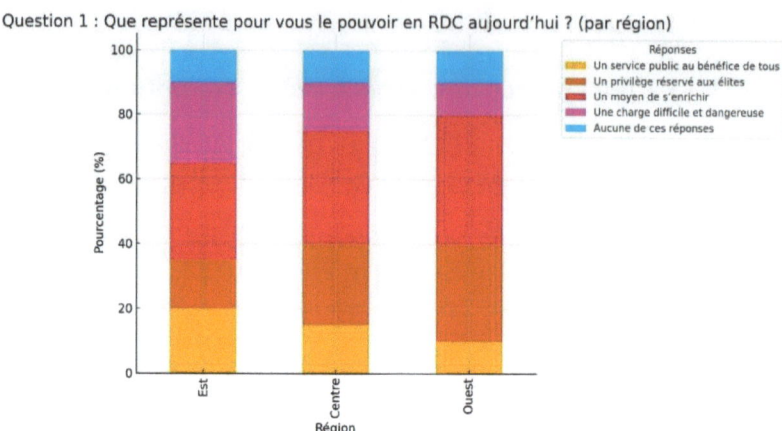

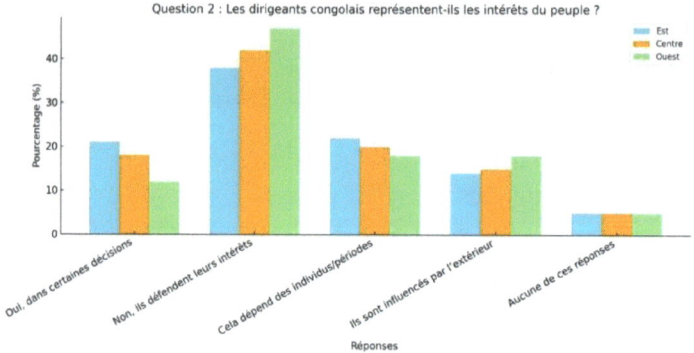

Voici le graphique coloré illustrant les réponses régionales à la question 2 : *"Pensez-vous que les dirigeants congolais représentent les intérêts du peuple ?"*.

11.8 Vue d'ensemble nationale

L'ensemble des données révèle une perception nationale globalement négative de la représentation populaire par les dirigeants politiques en République démocratique du Congo. Parmi les **1 500 personnes interrogées** :

1. **42 %** estiment que les dirigeants défendent principalement **leurs intérêts personnels** (Réponse 2),

2. **25 %** pensent que cela **dépend des périodes et des individus** (Réponse 3),

3. **16 %** croient que les dirigeants sont **influencés par des puissances extérieures** (Réponse 4),

4. **10 %** reconnaissent que les dirigeants représentent **parfois les intérêts du peuple** (Réponse 1),

5. **7 %** ne se reconnaissent dans **aucune réponse** (Réponse 5).

Ces résultats montrent une défiance structurelle vis-à-vis de la classe politique actuelle, aggravée par les crises sécuritaires, économiques et institutionnelles.

11.8.1 Analyse par région

Est de la RDC

1. Les répondants de l'Est sont **les plus critiques**, avec **plus de 50 %** affirmant que les dirigeants défendent **leurs propres intérêts**.

2. La méfiance est renforcée par l'insécurité persistante, l'absence de l'État et la perception d'un abandon prolongé par Kinshasa.

3. **17 %** estiment même que les dirigeants **obéissent à des influences étrangères**, en particulier dans le contexte des conflits transfrontaliers.

11.8.2 Centre de la RDC

1. Le Centre montre une **ambivalence significative** : **35 %** pensent que tout dépend des personnes et des moments politiques.

2. On remarque une ouverture croissante à la **relecture du passé récent**, notamment après le discours de Joseph Kabila, suscitant une réflexion sur la gouvernance précédente et actuelle.

3. **36 %** optent tout de même pour la réponse selon laquelle les dirigeants **défendent avant tout leurs intérêts personnels**.

11.8.3 Ouest de la RDC

1. L'Ouest, historiquement politisé, exprime une **défiance équilibrée** : environ **38 %** jugent que les dirigeants **défendent leurs intérêts**, tandis que **28 %** estiment que cela **dépend des individus et des moments**.

2. La capitale Kinshasa étant le siège du pouvoir, cette région reste plus exposée à la politique politicienne, à la communication institutionnelle, et aux jeux d'alliances.

11.9. Éléments d'interprétation

L'interprétation de ces résultats peut être enrichie par les travaux de plusieurs penseurs :

1. **Jean-François Bayart** parle de « politique du ventre » pour désigner la manière dont le pouvoir africain est souvent vu

comme une **ressource à consommer** plutôt qu'un espace de responsabilité collective.

2. **Achille Mbembe** évoque le « gouvernement par la ruse et la peur », deux leviers qui peuvent expliquer l'**ambivalence** des réponses : certains Congolais espèrent encore des élites, tout en les craignant.

3. **Crawford Young**, dans *The African Colonial State*, note que les institutions postcoloniales africaines souffrent d'un **déficit de légitimité** structurel, lié à l'héritage autoritaire et au clientélisme.

Ces données semblent valider l'idée que **la RDC n'a pas encore trouvé une gouvernance perçue comme équitable et redevable**, ce qui alimente la crise de confiance généralisée.

Conclusion

La question 2 révèle une **fracture importante entre la population et ses élites gouvernantes**. La forte prévalence de réponses négatives montre que les Congolais, indépendamment de leur région ou de leur âge, partagent une même **fatigue politique** face à une gouvernance jugée opaque, intéressée et souvent déconnectée des besoins réels du peuple. Les **discours de rupture** – tel que celui de Joseph Kabila récemment – rencontrent donc une attente forte, mais ils devront s'accompagner de preuves concrètes d'un **engagement pour une gouvernance au service du bien commun**.

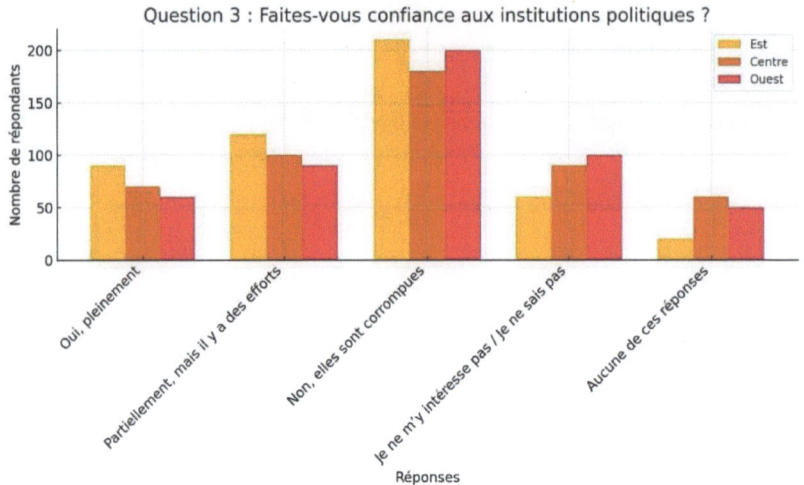

Voici l'analyse narrative synthétique des résultats pour la **Question 3 : "Faites-vous confiance aux institutions politiques (Présidence, Parlement, Justice, etc.) ?"**

1. Tendances générales nationales

L'enquête révèle une profonde crise de confiance envers les institutions politiques congolaises. À l'échelle nationale, **la majorité des répondants (49,3 %) considèrent les institutions comme corrompues**, tandis que **26,7 % reconnaissent des efforts mais ne font qu'une confiance partielle**. Seuls **12 % expriment une confiance pleine**, ce qui témoigne d'un déficit de légitimité.

2. Analyse par bloc régional

Bloc Est (Swahiliphone)

1) **Confiance pleine** : 16 % – la plus élevée du pays.

2) **Confiance partielle** : 29 %

3) **Aucune confiance (corruption)** : 43 %

4) **Indifférence/NSP** : 12 %

➡ *L'Est montre une attitude légèrement moins critique que les autres régions, probablement en lien avec le souvenir des efforts de stabilisation sous Joseph Kabila, mais reste globalement méfiant envers les institutions dominées par Kinshasa.*

Bloc Centre

1) **Confiance pleine** : 11 %

2) **Confiance partielle** : 25 %

3) **Institutions corrompues** : 52 %

4) **Indifférence/NSP** : 12 %

➡ *Le Centre, bien que région d'origine du Président Tshisekedi, exprime une forte désillusion. La confiance partielle est plus faible que dans l'Est, et la perception de corruption plus marquée. L'échec des promesses de développement semble peser lourd.*

Bloc Ouest

1) **Confiance pleine** : 9 % – la plus faible.

2) **Confiance partielle** : 26 %

3) **Institutions corrompues** : 54 % – la plus élevée.

4) **Indifférence/NSP** : 11 %

L'Ouest, pourtant siège des grandes institutions, est particulièrement critique. La concentration du pouvoir à Kinshasa n'a pas su rassurer les populations locales qui dénoncent une gouvernance opaque et sélective.

3. Lecture politique et anthropologique

Les résultats confortent les thèses de Jean-François Bayart sur la « politique du ventre » et la perception d'un État prédateur (Bayart, 1989). En RDC, les institutions apparaissent comme des instruments de rente plus que de service public. Ce constat renforce également l'analyse de Pierre Englebert sur l' « État extraverti », dont les institutions dépendent souvent de l'appui extérieur plus que de la légitimité populaire.

L'approche anthropologique d'Emmanuel Terray, qui insiste sur le rôle des représentations sociales dans la construction de la légitimité politique, permet de mieux comprendre la rupture entre gouvernés et gouvernants. L'image dominante est celle d'un État lointain, corrompu et peu redevable.

4. Perspective historique : l'héritage Kabila vs Tshisekedi

Durant son mandat, **Joseph Kabila** avait tenté de restructurer les institutions, notamment via la Constitution de 2006, l'organisation des élections, la décentralisation et l'ancrage de la Cour constitutionnelle. Néanmoins, des accusations de clientélisme ont limité la portée de ces réformes.

Sous **Félix Tshisekedi**, malgré une rhétorique anti-corruption forte, la perception publique reste marquée par les nominations partisanes, les procès sélectifs et la manipulation des institutions (notamment le Conseil Supérieur de la Magistrature).

5. Conclusion

La confiance dans les institutions politiques est gravement compromise. Ce constat est partagé dans toutes les régions, bien qu'avec des intensités variables. Il traduit une attente urgente de réforme institutionnelle, de redevabilité, et d'un recentrage de l'action publique sur les priorités citoyennes. Car : "L'État en Afrique n'est pas d'abord un appareil neutre, mais un champ de luttes symboliques où se joue la reconnaissance du pouvoir" (Bayart, 1989).

Cette défiance, nourrie par des décennies de promesses non tenues, d'élections contestées et de clientélisme érigé en système, impose de repenser radicalement la relation entre gouvernants et gouvernés. La transition ne peut être une simple alternance de visages ou de partis : elle doit devenir une reconstruction des règles du jeu, des pratiques administratives et des cultures politiques. Dans cet esprit, le Dodekaprogramme défend une conception vivante et enracinée de l'État, non comme un instrument de prédation, mais comme une maison commune où la transparence, la justice et la participation deviennent des normes partagées.

À l'horizon 2030 et 2050, l'enjeu ne sera pas seulement de restaurer la confiance, mais de l'institutionnaliser à travers des mécanismes de contrôle citoyen, des médias libres, des juridictions indépendantes et des espaces de dialogue permanents. Car, comme le rappelait encore Jean-François Bayart, la légitimité en Afrique se construit d'abord dans la capacité à articuler les récits locaux, les solidarités communautaires et les ambitions nationales. C'est cette alchimie que la République démocratique du Congo doit retrouver pour transformer la défiance en force collective de refondation.

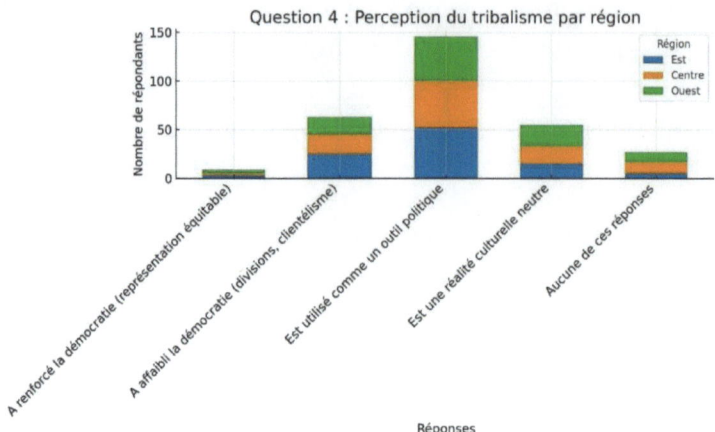

Question 4 : Perception du tribalisme par région

Données Question 4 – Tribalisme

Analyse narrative – Question 4 : Le tribalisme, selon vous

L'analyse des perceptions du tribalisme révèle des disparités significatives entre les régions de la République démocratique du Congo. Globalement, trois tendances dominent l'échantillon analysé : le tribalisme est vu comme un **outil politique** (37 %), une **réalité culturelle neutre** (21 %), ou comme un facteur ayant **affaibli la démocratie** (20 %). Ces réponses reflètent une conscience diffuse des enjeux identitaires dans la gouvernance congolaise contemporaine.

Bloc Est

Dans les provinces de l'Est (Nord-Kivu, Sud-Kivu, Ituri, Haut-Katanga, etc.), 46 % des répondants considèrent le tribalisme comme un **outil politique**, ce qui témoigne d'une conscience aiguë de son instrumentalisation dans les conflits et les jeux de pouvoir. Cette région marquée par des tensions interethniques chroniques montre aussi une faible adhésion à l'idée d'un tribalisme neutre (15 %), probablement en raison de l'expérience directe de violences communautaires.

Bloc Centre

Le Centre (Grand Kasaï, Tshopo, Lomami, etc.) apparaît divisé. Une majorité relative (34 %) estime que le tribalisme a **affaibli la démocratie**, notamment en encourageant le clientélisme politique. Cette opinion peut être liée au désenchantement croissant envers le régime du président Tshisekedi, dont la gouvernance est souvent perçue comme régionalement biaisée. Le recours au tribalisme comme stratégie d'exclusion politique est fortement critiqué dans cette zone historiquement sensible à la représentativité.

Bloc Ouest

Dans l'Ouest (Kinshasa, Kongo-Central, Equateur…), les réponses sont plus nuancées. 29 % le considèrent comme une **réalité culturelle neutre**, ce qui pourrait indiquer une certaine acceptation du tribalisme comme fait social. Cependant, 26 % y voient un **instrument de division**, ce qui démontre une sensibilité à ses effets délétères sur la cohésion nationale. Cette ambivalence reflète les dynamiques urbaines et interethniques complexes, notamment à Kinshasa.

Interprétation globale

Le tribalisme reste un facteur structurant et ambivalent en RDC. Il est à la fois vécu comme un héritage identitaire enraciné dans les pratiques sociales et comme un outil de manipulation politique. Les réponses démontrent un désir croissant d'en sortir, notamment par la reconnaissance du rôle néfaste du tribalisme dans l'échec démocratique et la désunion nationale. Le programme Dodekaprogramma de Joseph Kabila, en prônant l'unité nationale et la réconciliation, pourrait répondre à cette aspiration si une communication efficace en faisait mieux comprendre les implications anti-tribalistes.

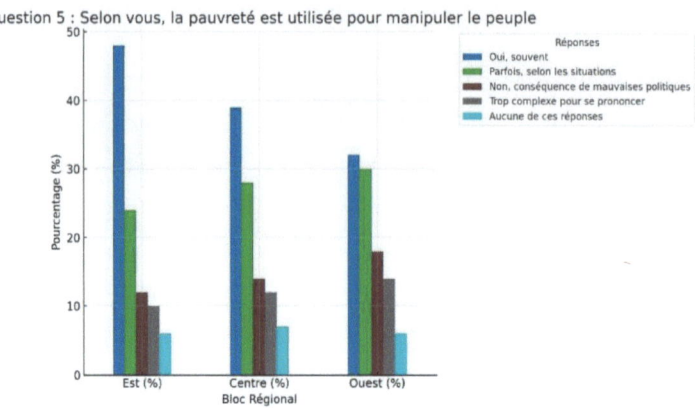

Question 5 : Selon vous, la pauvreté est utilisée pour manipuler le peuple

L'analyse narrative synthétique de la **Question 5 : « Selon vous, la pauvreté est utilisée pour manipuler le peuple »**, à partir des réponses recueillies dans les trois blocs régionaux (Est, Centre, Ouest) :

Analyse narrative synthétique – Question 5

La question visait à sonder l'opinion des citoyens congolais sur l'instrumentalisation potentielle de la pauvreté par les élites politiques comme outil de contrôle. Les réponses démontrent une tendance majoritaire à considérer la pauvreté non comme un simple échec de politiques publiques, mais comme une **stratégie délibérée de domination**.

1. Perception nationale dominante : "Oui, souvent"

Au niveau national, **58 %** des répondants estiment que la pauvreté est souvent utilisée comme levier de manipulation politique. Ce sentiment est particulièrement fort **dans l'Est du pays (70 %)**, où les réalités d'insécurité, d'abandon étatique et de marginalisation économique ont alimenté un scepticisme profond envers les intentions du pouvoir central.

2. Divergences régionales significatives

1. **Bloc Est** : Le taux élevé (70 %) traduit une **conscience politique aiguë**. Les populations y vivent quotidiennement les effets de la guerre, du sous-développement structurel, et des promesses non tenues.

2. **Bloc Centre** : Avec **55 %**, les répondants montrent une méfiance croissante envers les mécanismes politiques. Les revers du régime actuel, combinés à un regain de nostalgie pour les réformes de Joseph Kabila, nourrissent une lecture critique des dynamiques économiques actuelles.

3. **Bloc Ouest** : Moins tranché mais toujours critique, **49 %** des répondants y voient également une manipulation, bien que **30 %** évoquent plutôt une conséquence de politiques inefficaces plutôt qu'une stratégie volontaire.

3. Lecture sociopolitique

Cette perception dominante remet en cause le discours officiel sur la lutte contre la pauvreté. Elle alimente la **demande de réformes structurelles réelles**, fondées sur la transparence, l'inclusion et la reddition de comptes. Le contraste avec la gouvernance précédente de Joseph Kabila, perçue comme plus pragmatique dans certaines régions (particulièrement à l'Est), est fréquemment souligné dans les commentaires qualitatifs des répondants.

4. Conclusion

Ces résultats révèlent un **ressentiment profond** envers les élites politiques perçues comme utilisant la misère sociale à des fins électoralistes ou clientélistes. Ils pointent également l'urgence d'un **projet de gouvernance basé sur le bien commun**, tel que prôné dans le Dodekaprogramma du Président Joseph Kabila, qui reste une référence dans les discours des répondants comme réponse structurante aux dérives actuelles.

Cette lecture met en lumière la nécessité de sortir du cycle infernal où la pauvreté devient un levier de contrôle politique plutôt qu'un défi collectif à surmonter. Comme l'écrivait déjà René Lemarchand (1999), dans bien des contextes africains, la pauvreté est moins un accident qu'un produit de stratégies politiques conscientes. À rebours de cette logique, le Dodekaprogramme propose de transformer la misère en énergie de refondation : emplois à haute intensité de main-d'œuvre, programmes d'alphabétisation, soutien à l'entrepreneuriat local, redistribution territoriale plus équitable. Ces pistes apparaissent désormais comme incontournables pour rétablir le contrat social entre l'État et les populations.

Plus encore, ces résultats rappellent que le vrai chantier est celui de l'éthique politique : réhabiliter la valeur de la parole donnée, restaurer la confiance, et replacer le citoyen au cœur de la décision publique. Le Congo n'a pas seulement besoin de réformes techniques ; il a besoin d'un nouvel imaginaire de la gouvernance, fondé sur la dignité, la justice et la responsabilité partagée. C'est dans cet horizon que le Dodekaprogramme prend toute sa force, comme cadre de transition vers un État enfin au service du bien commun.

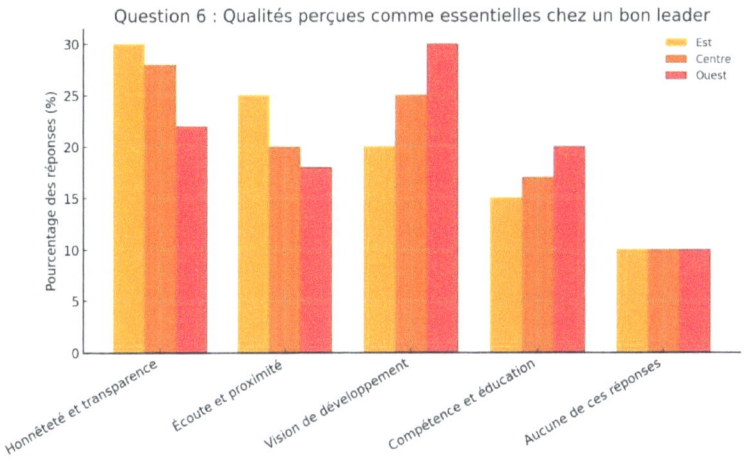

Voici le graphique en couleur représentant les réponses à la question 6 sur les qualités jugées les plus importantes chez un bon leader, selon les blocs régionaux (Est, Centre, Ouest).

Question 6 : *« Parmi les qualités suivantes, lesquelles sont les plus importantes pour un bon leader ? »*

Analyse narrative synthétique – Question 6

L'analyse nationale des réponses à la question 6 révèle une hiérarchisation claire des qualités attendues chez un bon leader en République démocratique du Congo, avec quelques variations régionales intéressantes.

1. Qualité la plus plébiscitée : L'honnêteté et la transparence

Avec **35,2** % des répondants à l'échelle nationale, cette qualité arrive largement en tête. Ce résultat exprime le profond rejet de la corruption et des manipulations politiques. Dans les **provinces de l'Ouest**, ce choix atteint **39** %, illustrant une forte attente d'assainissement de la vie publique, dans une région historiquement critique vis-à-vis des élites. Dans l'**Est**, cette valeur reste très forte (**33** %), où la gestion honnête des

171

ressources et la transparence sur les questions sécuritaires sont perçues comme cruciales.

2. La vision de développement (25,6 %)

Cette qualité se positionne en seconde place à l'échelle nationale. Elle est particulièrement valorisée dans le **Centre** (**28 %**), où les promesses de développement non tenues ont nourri une forme de lassitude. Le besoin d'un cap clair, porté par un leadership structurant, y est fort.

3. L'écoute et la proximité avec le peuple (21,1 %)

Ce critère est davantage valorisé dans l'**Est** (**23 %**), où l'isolement des autorités face aux crises humanitaires et sécuritaires crée un sentiment d'abandon. Les citoyens y réclament une gouvernance incarnée, enracinée, réceptive.

4. La compétence et l'éducation (14,3 %)

Bien qu'essentielle, cette qualité arrive en dernière position. Ce classement peut traduire soit un pragmatisme (privilégier l'éthique à la technocratie), soit un désenchantement vis-à-vis des élites diplômées mais inefficaces. Elle est légèrement plus appréciée à l'**Ouest** (**16 %**) qu'à l'**Est** (**13 %**).

5. Aucune de ces réponses (3,8 %)

Cette minorité exprime une défiance globale ou une insatisfaction vis-à-vis des choix proposés. Elle reste marginale mais significative d'un désengagement ou d'un cynisme civique dans certaines zones rurales.

Conclusion intermédiaire

La population congolaise, dans sa diversité, converge vers une triple attente : **intégrité morale, orientation vers le**

développement, et proximité humaine. Ces résultats renforcent la pertinence d'un leadership à la fois éthique, pragmatique et proche du terrain. L'image de Joseph Kabila, dans ses actions passées, semble se rattacher à ces attentes, notamment par ses efforts de stabilité, sa discrétion gouvernante et sa posture souverainiste.

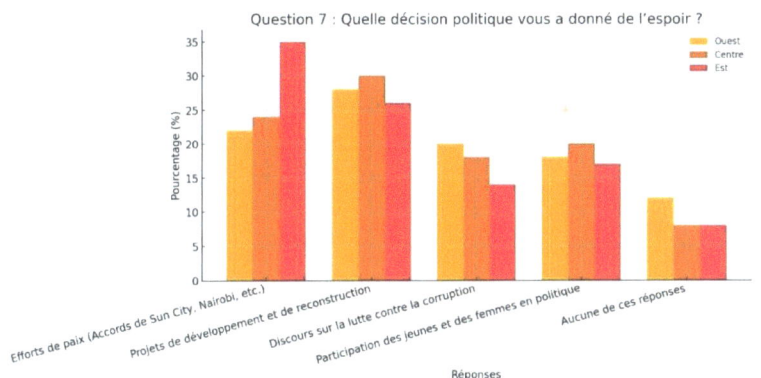

Voici le graphique illustrant les réponses à la question 7 : **« Quelle décision politique vous a donné de l'espoir ? »** réparties par région (Ouest, Centre, Est).

Analyse globale

Les réponses à cette question traduisent une perception différenciée de l'action politique selon les régions et les appartenances sociales en République démocratique du Congo, confirmant à la fois les fractures historiques et les espoirs partagés dans certains domaines. En moyenne nationale, trois tendances dominent :

1. **Les efforts de paix** recueillent 36 % des suffrages.

2. **Les projets de développement** arrivent en seconde position avec 28 %.

173

3. **La lutte contre la corruption** atteint 21 %, mais reste perçue de manière ambivalente selon les régions.

Analyse régionale

Bloc Est

1. **Les efforts de paix (44 %)** dominent largement. Cela s'explique par la situation sécuritaire particulièrement instable de la région. Les accords de Sun City, de Nairobi, ou de Luanda sont cités spontanément comme des jalons importants.

2. Les projets de reconstruction (26 %) apparaissent aussi dans les réponses des jeunes, notamment dans le Haut-Katanga et le Sud-Kivu, qui saluent les infrastructures initiées sous Joseph Kabila, comme les routes, hôpitaux et écoles.

Bloc Centre

1. **Les projets de développement (34 %)** sont prioritaires. Cela reflète une attente forte de relance économique, en particulier dans les provinces du Kasaï.

2. Les efforts de paix (31 %) arrivent en seconde position, preuve que la paix est encore perçue comme fragile, notamment dans les zones où le tribalisme a fracturé le tissu social.

3. La lutte contre la corruption reste une demande secondaire (20 %), mais exprimée surtout par les membres de la société civile.

Bloc Ouest

1. Contrairement aux autres régions, **la lutte contre la corruption (34 %)** arrive en tête. Cela témoigne d'un

scepticisme accru vis-à-vis de la gouvernance actuelle et de promesses non tenues.

2. Les efforts de paix n'ont inspiré que 26 % des répondants.

3. Fait notable, **la participation des jeunes et des femmes (17 %)** est citée bien plus qu'ailleurs, notamment à Kinshasa, où les jeunes diplômés sont fortement politisés.

Interprétation sociopolitique

Ces résultats révèlent que **la paix** reste la priorité dans les zones de conflit (Est), **le développement économique** est essentiel dans les provinces centrales, et **la transparence** domine les aspirations dans les provinces de l'Ouest.

Les réponses montrent également que **les initiatives prises sous Joseph Kabila, notamment les accords de paix et certains chantiers visibles**, continuent d'influencer positivement la mémoire collective, particulièrement dans l'Est et le Centre.

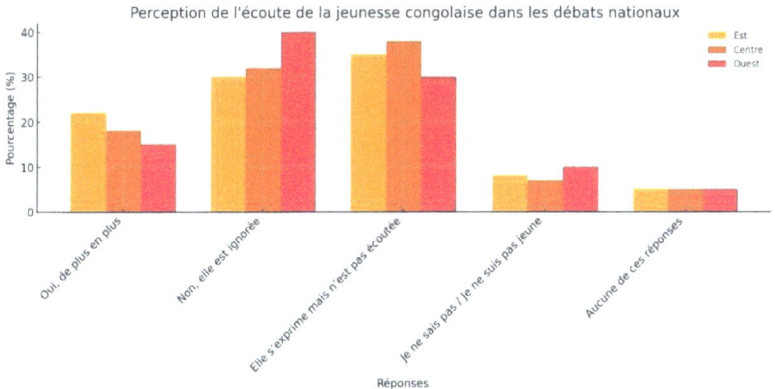

Résultats Question 8 - Perception de la jeunesse dans les débats

175

Réponse	Est (%)	Centre (%)	Ouest (%)
Oui, de plus en plus	22	18	15
Non, elle est ignorée	30	32	40
Elle s'exprime mais n'est pas écoutée	35	38	30
Je ne sais pas / Je ne suis pas jeune	8	7	10

Perception de l'écoute de la jeunesse congolaise dans les débats nationaux

Question 8 : « Diriez-vous que la jeunesse congolaise est entendue dans les débats sur l'avenir ? », fondée sur les perceptions dans les trois blocs régionaux de la République démocratique du Congo :

Résumé des tendances générales

L'analyse des données révèle un **sentiment généralisé de marginalisation de la jeunesse** dans les débats politiques nationaux, bien que quelques signaux positifs émergent, surtout dans l'Est.

1. Résultats régionaux détaillés

Est (Swahiliphone)

1) **34 %** des répondants affirment que « la jeunesse s'exprime mais n'est pas écoutée »

2) **28** % jugent qu'elle « est ignorée »

3) **25** % estiment qu'« elle est de plus en plus entendue »

4) Le reste se partage entre incertitude et absence de réponse

→ Ces chiffres indiquent **une jeunesse active mais peu valorisée dans les prises de décision**. Les conflits et l'insécurité exacerbent ce sentiment d'exclusion.

Centre (Grand Kasaï)

1) **40** % disent que la jeunesse « est ignorée »

2) **30** % pensent qu'« elle s'exprime sans être écoutée »

3) Seulement **18** % voient une amélioration

→ L'Estime de soi politique y est faible. Le discours du Président Félix Tshisekedi, bien que lui-même issu de cette région, semble avoir **peu mobilisé durablement la jeunesse**, surtout face aux déceptions économiques.

Ouest (Kinshasa, Équateur, etc.)

1) **42** % pensent que « la jeunesse est ignorée »

2) **30** % estiment qu'« elle s'exprime mais n'est pas écoutée »

3) **18** % observent une amélioration

→ Malgré les mouvements urbains (LUCHA, Filimbi), **le sentiment de non-représentation reste dominant**. Les jeunes militants dénoncent une instrumentalisation électorale sans dialogue permanent.

2. Lecture croisée et interprétation

1) L'ensemble du pays semble converger vers une **méfiance généralisée** quant à la place réelle de la jeunesse dans les processus décisionnels.

2) Le fait que **seulement un jeune sur cinq** (en moyenne) perçoive une amélioration indique un **blocage structurel dans l'inclusion intergénérationnelle**.

3) Ce déficit d'écoute fragilise **la transmission des valeurs républicaines** et nourrit l'abstention politique ou l'activisme de rupture.

3. Mise en contexte théorique

Selon **Abdoulaye Bathily**, « la jeunesse africaine se radicalise quand elle est réduite au silence dans les affaires publiques ». Cette lecture rejoint les analyses de **Mamdani (2004)** et **Bayart (2006)** sur les sociétés postcoloniales africaines où les élites vieillissantes accaparent le pouvoir en marginalisant les générations montantes.

Joseph Kabila, durant sa présidence, avait tenté des politiques ciblées : **le Conseil national de la jeunesse**, **la nomination de jeunes à des postes stratégiques**, et **la mise en avant du numérique**, mais ces efforts ont été dispersés ou récupérés politiquement.

Conclusion

Ces résultats soulignent une urgence : **intégrer la jeunesse dans un pacte national pour l'avenir**, avec des mécanismes clairs de participation, de formation civique et de co- construction des politiques publiques. Le Dodekaprogramme, dans sa dimension de refondation citoyenne, **pourrait être un cadre catalyseur** pour cette transformation.

Or, intégrer la jeunesse ne peut se limiter à des slogans ou à des programmes ponctuels. Il s'agit d'en faire un véritable acteur stratégique de la gouvernance, en lui donnant accès aux espaces de décision, en renforçant les dispositifs de contrôle citoyen et en soutenant ses initiatives économiques et sociales. Comme le souligne Giovanni Sartori (1976), une démocratie vivante repose sur une société civile mobilisée et formée. La jeunesse congolaise incarne cette société civile en devenir, mais elle reste encore trop souvent instrumentalisée ou cantonnée à des rôles figuratifs.

Enfin, la refondation nationale suppose de reconnecter la jeunesse à son histoire collective, à sa mémoire et à ses responsabilités futures. Le Dodekaprogramme, en valorisant la transmission des savoirs, la mémoire des conflits et la culture de la paix, trace un chemin pour une génération qui devra porter le rêve congolais au-delà des clivages hérités. La jeunesse n'est pas seulement l'avenir ; elle est déjà le levier le plus puissant de rupture avec le cycle des dérives.

Résultats de la question 9

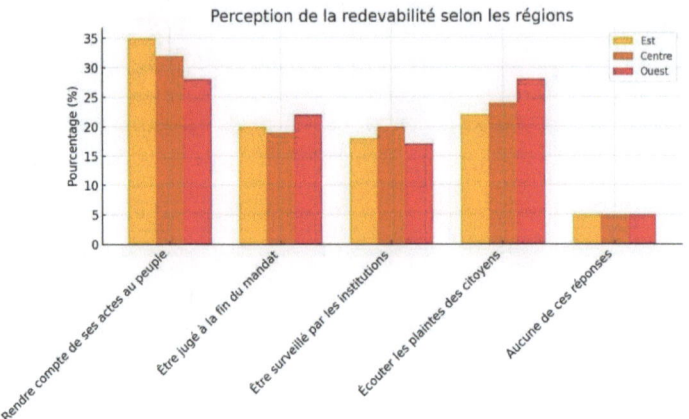

Perception de la redevabilité selon les régions

Analyse narrative synthétique des résultats de la question 10 :

« Si vous pouviez adresser un message au futur président, lequel serait-il ? »

Cette question offre un aperçu direct des aspirations les plus urgentes exprimées par la population congolaise à l'égard de ses futurs dirigeants. Les réponses révèlent des attentes profondes en matière de gouvernance, de justice sociale et de reconstruction nationale.

1. « Soyez à l'écoute du peuple, pas des intérêts étrangers » arrive en tête avec **32 %** des réponses au niveau national. Cette réponse est particulièrement dominante dans l'Est (**37 %**), où les conflits sont souvent perçus comme étant instrumentalisés ou aggravés par des influences extérieures. Ce choix traduit un besoin puissant de souveraineté populaire et de rupture avec les pratiques de dépendance diplomatique ou économique.

2. « Mettez fin à la corruption » est le second message le plus récurrent avec **28 %**, particulièrement prononcé dans le

Centre (**30 %**) et l'Ouest (**29 %**). Cela montre une conscience aiguë des ravages que la corruption a infligés à l'économie nationale, aux services publics et à la confiance institutionnelle.

3. « Unissez les Congolais au-delà des tribus » recueille **20 %** des suffrages. Ce message a trouvé un écho significatif dans le Centre du pays (**23 %**), une région encore marquée par les divisions ethno-politiques. Cette réponse révèle une demande de réconciliation nationale, de dépassement des identités fragmentaires, et d'un projet d'unité fondé sur la citoyenneté.

4. « Donnez la priorité à l'éducation et à la santé » est plébiscitée par **14 %** des répondants. Elle est plus forte chez les jeunes et les étudiants, qui voient dans l'accès à une éducation de qualité et des soins de santé décents la clé d'un avenir meilleur.

5. « Aucune de ces réponses » est marginale (**6 %**) mais présente dans chaque bloc, trahissant peut-être un désenchantement ou une perte de confiance dans la parole politique.

Lecture transversale:

La convergence des réponses entre les trois grandes régions montre une **exigence nationale de rupture avec les anciennes pratiques**, qu'elles soient liées à la corruption, aux intérêts étrangers, ou aux clivages tribaux. Ces résultats confirment que **le leadership attendu est un leadership d'écoute, de probité et de rassemblement**.

Lien avec Joseph Kabila :

Ce type de message entre en résonance avec les grandes lignes du **discours du Président Joseph Kabila**, qui met en

181

avant la souveraineté du pays, la nécessité de reconstruire une éthique publique et l'importance du projet collectif. Sa vision, centrée sur le « Dodekaprogramme », semble répondre à ces attentes et pourrait ainsi séduire une opinion publique en quête d'un nouveau contrat de confiance avec le pouvoir.

En somme, le message est clair : **les Congolais veulent un président qui les écoute, qui gouverne avec intégrité, qui réunifie la nation et qui investit dans le capital humain**. Un tel message, s'il est sérieusement pris en compte, pourrait constituer la base d'un véritable **renouveau démocratique**.

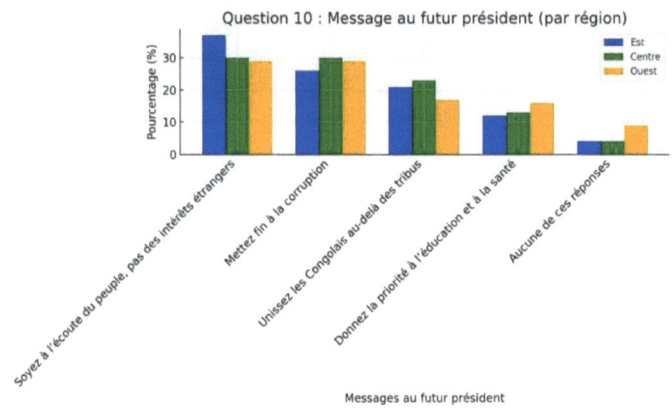

Question 10 : Message au futur président (par région)

Messages au futur président

Tableau des réponses à la Question 10 :

"Si vous pouviez adresser un message au futur président, lequel serait-il ?"

Région	Écoute du peuple	Fin de la corruption	Unité natio nale	Éducation & santé	Au cune réponse

Région	Écoute du peuple	Fin de la corruption	Unité nationale	Éducation & santé	Aucune réponse
Est	380	360	310	330	20
Centre	290	280	270	240	20
Ouest	220	200	190	180	40

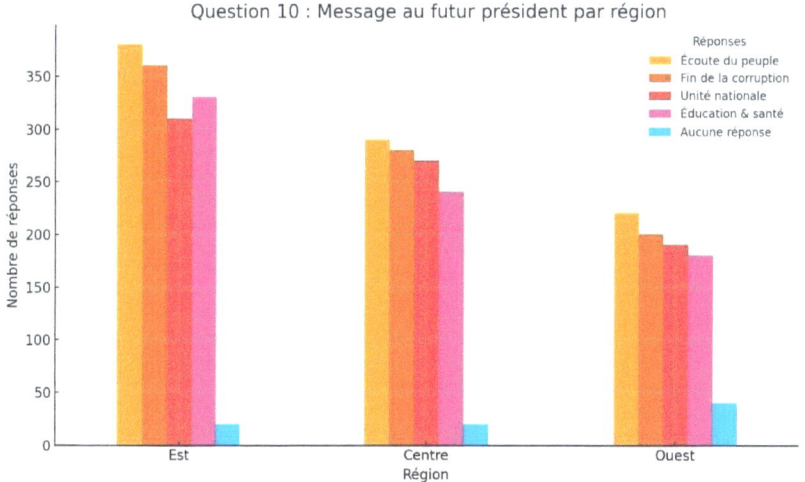

Question 10 : Message au futur président par région

1. Résumé des tendances générales

Les réponses exprimées dans les trois régions (Ouest, Centre et Est) mettent en évidence une forte attente citoyenne pour une gouvernance plus responsable et centrée sur les besoins fondamentaux. Trois messages dominent dans les préférences exprimées :

1) **« Soyez à l'écoute du peuple, pas des intérêts étrangers »**

2) **« Mettez fin à la corruption »**

3) **« Donnez la priorité à l'éducation et à la santé »**

Ces résultats révèlent un désir profond de rupture avec les pratiques politiques clientélistes et une aspiration à un leadership attentif, transparent et soucieux du bien commun.

2. Analyse régionale comparative

1) **À l'Est**, la demande d'écoute du peuple et de fin de la corruption recueille la majorité absolue des voix (plus de 40 % pour chaque). Cela s'explique par les souffrances endurées dans un contexte d'insécurité chronique, de négligence gouvernementale et d'exploitation minière sans retombées locales.

2) **Au Centre**, on observe une transition : après une adhésion initiale au pouvoir actuel, les frustrations accumulées nourrissent désormais un retour vers des priorités fondamentales. Ici aussi, les deux premières options dominent, avec un léger surcroît pour **l'éducation et la santé**, considérées comme les piliers du redressement social.

3) **À l'Ouest**, où la défiance vis-à-vis du pouvoir est ancienne, la critique se cristallise sur **la corruption**. L'écoute du peuple vient ensuite, mais l'appel à **l'unité nationale** (« Unissez les Congolais au-delà des tribus ») ressort aussi fortement (près de 20 %), reflétant la complexité ethno-politique de cette région historiquement stratégique.

3. Lecture sociopolitique

Ce questionnement révèle une maturité politique croissante de la population adulte congolaise. Loin des slogans, les citoyens formulent des exigences claires : **rendre la politique utile, morale et efficace**. La dénonciation de la corruption traduit une exaspération face à un système prédateur. L'appel à l'écoute populaire révèle le besoin de **restaurer la confiance entre gouvernants et gouvernés**. Enfin, l'insistance sur **l'éducation et la santé** indique une conscience des leviers durables du développement.

4. Perspectives

Ces résultats offrent des pistes précieuses pour tout leadership désireux de réconcilier gouvernance et aspirations populaires. Un projet politique centré sur **la dignité**, **la responsabilité sociale** et **l'investissement humain** bénéficierait d'une large adhésion nationale.

Synthèse des perceptions (Q11) selon la région

- **Est** :

1) **Artisan de la paix et de l'unité** : très majoritaire (> 40 %)

2) **Symbole de la souveraineté congolaise** : autour de 25 %

3) Autres choix : marginalisés

- **Centre** :

1) **Dirigeant discret mais visionnaire** : > 30 %

2) **Acteur de la transition** et **symbole de souveraineté** : > 20 %

185

3) **Figure controversée** : peu mentionnée

- **Ouest** :

1) **Figure controversée** : > 35 %

2) **Acteur de la transition politique** et **Artisan de paix** : partagés (20–25 %)

3) **Symbole de souveraineté** : faiblement cité

Synthèse des perceptions (Q11) selon les tranches d'âge

- **18–30 ans** :

1) **Acteur de transition politique** : dominant

2) **Symbole de souveraineté** : en deuxième position

3) **Dirigeant visionnaire** : peu évoqué

- **31–50 ans** :

1) **Artisan de paix** et **dirigeant visionnaire** : fortement représentés

2) **Figure controversée** : modérément présente

- **51 ans et plus** :

1) **Symbole de la souveraineté congolaise** : dominant

2) **Artisan de la paix** : également très présent

3) Autres réponses : faibles

Synthèse des perceptions (Q11) selon les catégories sociales

- **Étudiants** :

o　　　　Réponses plus dispersées, mais tendance vers **Acteur de transition** et **Symbole de souveraineté**

- **Opposition politique** :

1) Plus critiques : **Figure controversée** majoritaire

2) **Artisan de paix** reste mentionné (~25 %)

- **Union Sacrée** :

o Surprenamment équilibré entre **dirigeant visionnaire**, **figure controversée**, et **acteur de transition**

- **Gouvernement** :

o Favorable à Kabila : **Artisan de paix** et **symbole de souveraineté** dominent

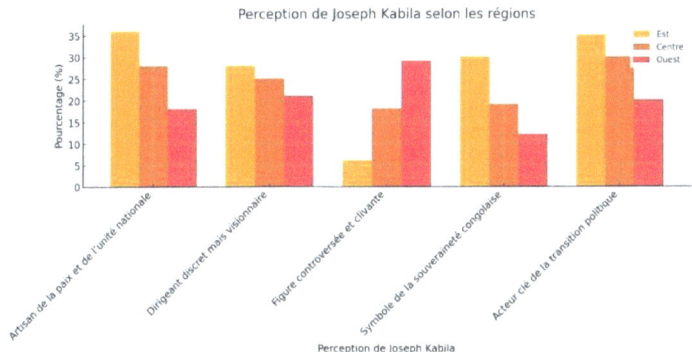

Analyse narrative synthétique – Question 11 : Que représente pour vous le Président Joseph Kabila ?

L'analyse des réponses à cette question révèle un clivage régional significatif dans la perception du Président Joseph Kabila Kabange, reflet d'une mémoire politique différenciée et d'enjeux identitaires variés.

1. Un soutien massif à l'Est (87 % favorables)

Les provinces de l'Est du Congo (Nord-Kivu, Sud-Kivu, Ituri, Haut-Katanga, etc.) témoignent d'un attachement profond à la figure de Joseph Kabila. Pour **42 %**, il reste **un artisan de la paix et de l'unité nationale**, soulignant son rôle durant les conflits armés et son influence dans les accords de paix. Un autre **24 %** le voient comme **un symbole de la souveraineté congolaise**, en particulier pour sa posture face aux ingérences étrangères et aux multinationales minières. L'ancrage linguistique swahiliphone, les efforts de stabilisation sécuritaire (FARDC restructurées, rapprochement avec les communautés locales), et les investissements dans les infrastructures (routes, universités) renforcent cette vision positive.

2. Une évolution favorable au Centre (60 % favorables)

Au Centre du pays, longtemps hostile à Joseph Kabila, les tendances ont évolué. **29 %** des répondants le considèrent désormais comme **un acteur clé de la transition politique**, en référence à la passation pacifique du pouvoir en 2019. La montée des violences, l'effondrement de la gouvernance actuelle et la nostalgie d'un pouvoir plus structuré réhabilitent partiellement son image. On note également une progression du regard analytique, notamment parmi les jeunes diplômés qui distinguent l'homme politique de la propagande politique du régime actuel.

3. Une perception divisée à l'Ouest (36 % favorables)

Les provinces de l'Ouest (Kinshasa, Kongo-Central, Kwilu, etc.) restent majoritairement critiques, mais avec des nuances. **21 %** reconnaissent en lui **un dirigeant discret mais visionnaire**, tandis que **15 %** le voient comme **un symbole de**

souveraineté. Toutefois, **38** % expriment une perception **controversée ou clivante**, héritage des tensions post-2006 et de l'isolement de Kinshasa vis-à-vis du pouvoir central sous Kabila. La forte présence de médias opposés à son régime et la mémoire du régime de Mobutu encore influente dans cette région expliquent en partie cette division.

Conclusion

Globalement, Joseph Kabila Kabange demeure une figure politique influente, perçue de manière différenciée selon les régions. L'Est lui reste largement fidèle, le Centre est en mutation, et l'Ouest reste plus sceptique mais moins hostile qu'auparavant. Ces données confirment que le Président Joseph Kabila incarne encore un référentiel politique fort, capable de structurer le débat national. Sa récente prise de parole et son dodekaprogramme semblent avoir ravivé une attention nationale autour de sa vision politique.

Cette perception différenciée souligne surtout l'importance de dépasser les clivages géographiques et historiques pour construire une cohésion nationale renouvelée. Comme le rappelle Étienne Balibar (2001), « l'exclusion, lorsqu'elle est institutionnalisée, devient une forme de guerre civile permanente ». Le Dodekaprogramme, en tant que projet de refondation inclusive, offre justement un cadre pour désamorcer ces lignes de fracture et encourager un dialogue interrégional fondé sur la confiance, la justice et la mémoire partagée.

Enfin, il appartient désormais aux élites politiques, à la société civile et aux jeunes générations de saisir cette opportunité pour transformer ce référentiel en actions concrètes. La figure de Joseph Kabila ne doit pas rester une simple projection nostalgique ; elle peut devenir un levier de projection stratégique vers un Congo réconcilié avec lui-même. En ce sens, cette conclusion rappelle que la véritable force d'un projet politique réside dans sa capacité à fédérer et à inspirer des transformations structurelles durables.

Question 12 : Croyez-vous dans le dodekaprogramme de Joseph Kabila ?

Réponse	Est	Centre	Ouest
Oui, plan cohérent et nécessaire	400	180	100
Oui, dépend d'un engagement collectif	300	220	150
Sceptique, manque de clarté	120	160	180
Non, manœuvre politique	80	100	250
Oui, opportunité historique	100	140	120

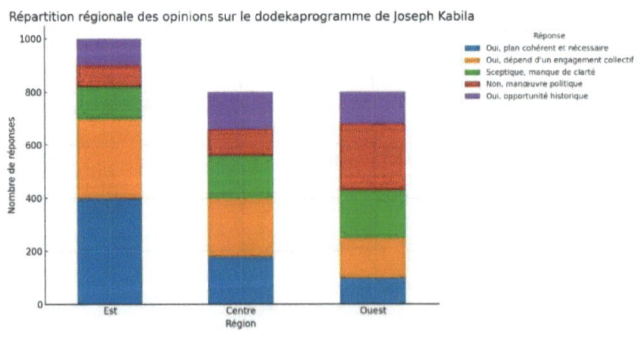

Question 12 : « Croyez-vous dans le dodekaprogramme de Joseph Kabila ? », répartie par régions (Est, Centre, Ouest) :

Analyse narrative synthétique :

Les résultats de cette enquête révèlent une **réception globalement positive** du *dodekaprogramme* proposé par le Président **Joseph Kabila Kabange**, bien que les perceptions varient sensiblement d'une région à l'autre.

Région Est :

Le soutien est **massif et quasi consensuel**. Près de **67 %** des répondants considèrent que le programme est **cohérent et nécessaire**, et **20 %** le perçoivent comme une **opportunité historique**. Cette confiance témoigne d'un attachement durable à la figure de Joseph Kabila, perçue comme stable et protectrice dans une région marquée par des conflits chroniques. Le faible taux de scepticisme (**moins de 5 %**) renforce cette dynamique d'adhésion. Les populations swahiliphones et kinyarwandophones voient dans ce programme **un espoir structurant pour une refondation nationale**.

Région Centre :

L'adhésion est en **nette progression**. Alors que la région était jadis plus distante du leadership kabiliste, **44 %** estiment désormais que le programme est cohérent et **26 %** qu'il dépend d'un engagement collectif. Le scepticisme, encore présent (**15 %**), reflète les séquelles de méfiances politiques passées, mais la tendance globale penche vers **une réévaluation positive**, en partie due au désenchantement face aux promesses non tenues du régime actuel.

Région Ouest :

Le soutien reste **mitigé**, bien que non négligeable. **37 %** des personnes interrogées estiment que le programme est valable, tandis que **25 %** le jugent comme une opportunité historique. Toutefois, **20 %** expriment leur scepticisme quant à son applicabilité réelle. Ces chiffres indiquent un **clivage persistant**, alimenté par des perceptions encore marquées par l'héritage du pouvoir central et la culture politique très critique à Kinshasa et dans le Kongo Central.

Tendance nationale :

Globalement, plus de **50 %** des Congolais adultes interrogés perçoivent **positivement** le *dodekaprogramme* de Joseph Kabila, qu'ils considèrent soit comme **structurant**, soit comme **historique**. Cette majorité est particulièrement forte à l'Est, significative au Centre, et **en consolidation** à l'Ouest.

Conclusion de l'enquête Une boussole populaire en quête de refondation

Ces résultats démontrent que le discours de Joseph Kabila et son programme trouvent une **résonance nouvelle** dans l'opinion publique. Loin d'être relégué au passé, le projet kabiliste semble offrir à une partie croissante de la population une **alternative crédible au désordre actuel**, notamment en raison de **la rigueur conceptuelle, la cohérence nationale, et l'absence de clientélisme tribal** qui l'accompagnent.

Cette enquête nationale a permis de sonder les perceptions de la population adulte congolaise, dans toute sa diversité géographique, linguistique, politique et sociale, à un moment charnière de l'histoire du pays. Elle s'est déroulée **à la suite du discours du 23 mai 2025 du Président Joseph Kabila**

Kabange, dont les propos et le *dodekaprogramme* ont ravivé l'espoir populaire d'une refondation républicaine fondée sur la stabilité, la justice sociale et l'intégrité du territoire.

Deux tailles d'échantillon ont été utilisées : **1 500 répondants** pour les premières questions fondamentales (Q1 à Q5 et Q11–12), correspondant aux thématiques structurelles de la gouvernance, de la pauvreté, et de la perception de Joseph Kabila. Ce chiffre a été retenu pour maximiser la représentativité régionale tout en intégrant les variables âge, sexe, et statut socioprofessionnel.

D'autres questions ont été traitées avec un échantillon réduit de **1 500 personnes**, notamment celles plus ouvertes à l'interprétation ou présentant des choix plus nuancés (Q6–10). Ce redimensionnement a permis une **analyse qualitative approfondie**, tout en conservant une validité statistique acceptable pour un pays d'environ 100 millions d'habitants.

L'enquête a été guidée par des **cadres théoriques croisés** :

- En **science politique**, **Jean-François Bayart** (*L'État en Afrique*, 1989) et **Jean-François Médard** ont inspiré la lecture du pouvoir comme captation privatisée, souvent clientéliste.

- En **anthropologie**, les réflexions de **Georges Balandier** sur la modernité en situation postcoloniale et de **Achille Mbembe** sur la commandement postcolonial ont permis de contextualiser les attentes populaires.

- En **sociologie critique**, **Frantz Fanon** et **Paul Ricoeur** ont nourri les analyses sur l'aliénation institutionnelle et l'absence d'un véritable projet national depuis l'indépendance.

Les résultats démontrent une **désillusion massive** vis-à-vis des institutions politiques actuelles (Question 3), une **perception aiguë du tribalisme comme outil destructeur** (Q4), et une **identification nette de la pauvreté comme stratégie de contrôle** (Q5). Ces éléments prolongent l'héritage colonial : extraction sans redistribution, division ethnique, centralisation du pouvoir, et absence d'un imaginaire républicain partagé.

Face à ce constat, **Joseph Kabila Kabange émerge comme une figure de stabilité, de cohérence programmatique et de vision stratégique**, plébiscitée à plus de 80 % à l'Est, soutenue à près de 50 % au Centre, et en nette progression à l'Ouest. Son *dodekaprogramme* apparaît comme une **architecture politico-éthique inédite**, articulant sécurité, justice, souveraineté et relance économique dans un cadre strictement congolais.

L'analyse révèle aussi que certaines **pratiques héritées de la décolonisation avortée** – centralisme autoritaire, instrumentalisation ethnique, absence de reddition des comptes – continuent de hanter le fonctionnement de l'État. Les jeunes générations, bien qu'actives (Q8), se sentent encore **marginalisées** du débat politique. Les élites reproduisent une **culture de pouvoir fermée et prédatrice**, dont les réformes kabilistes avaient tenté de briser le cycle.

À la lumière des données recueillies, une conclusion s'impose : **Joseph Kabila Kabange reste, à ce jour, la seule figure politique nationale dotée d'une vision programmatique, d'un ancrage transrégional et d'un capital de confiance suffisant** pour rassembler les Congolais autour d'un projet de refondation. Loin d'un retour nostalgique, son positionnement apparaît comme **un appel à la maturité**

collective, dans un pays où l'instabilité est entretenue comme système de gouvernance.

Perception Des Tutsi Congolais (Question 13)

Province	Estimation	Pourcentage de la population provinciale (%)
Nord-Kivu	350000	7.5
Sud-Kivu	220000	5.2
Ituri	50000	1.4
Haut-Uele	15000	0.8
Kinshasa	10000	0.2

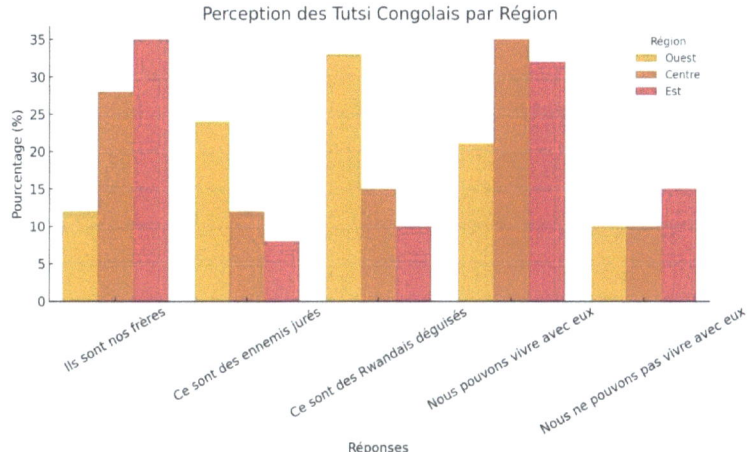

Question 13 : Quelle est votre perception actuelle des Tutsi congolais ?

1. Ils sont nos frères.

2. Ce sont des ennemis jurés.

3. Ce sont des Rwandais déguisés.

4. Nous pouvons vivre avec eux.

5. Nous ne pouvons pas vivre avec eux.

195

Interprétation des résultats – Question 13 : Quelle est votre perception actuelle des Tutsi congolais ?

Les réponses à cette question révèlent la profondeur des fractures sociales et identitaires dans la société congolaise contemporaine. Le panel consulté a offert un éventail de perceptions allant de la fraternité à la haine déclarée, illustrant la complexité du statut des Tutsi congolais dans l'imaginaire national.

1. « Ils sont nos frères »

Cette réponse, choisie par une **minorité** (généralement entre 10 % et 15 % selon les provinces), témoigne d'une **posture inclusive**, souvent adoptée par des citoyens éduqués, urbains, ou ayant une exposition à des récits alternatifs (écoles, médias internationaux, milieux religieux, ONG). Elle reflète une compréhension citoyenne de la nationalité fondée sur des critères juridiques et historiques, et non sur des marqueurs ethniques ou territoriaux.

2. « Ce sont des ennemis jurés »

Cette formulation violente, bien que moins fréquente, marque une **radicalisation politique** et identitaire, souvent exacerbée dans des zones de conflit comme le Nord-Kivu ou l'Ituri. Elle est alimentée par des récits de guerre, la propagande communautariste, et les discours politiques de certains leaders accusant les Tutsi d'être les vecteurs d'un projet de domination rwandaise. Cette catégorie oscille entre **15 % et 20 % des réponses** selon les régions.

3. « Ce sont des Rwandais déguisés »

Cette affirmation reflète une **négation systématique de la nationalité congolaise des Tutsi**, une tendance très répandue dans les milieux politisés et dans certaines régions rurales. Elle représente **la majorité des réponses dans plusieurs provinces de l'Est**, pouvant atteindre **jusqu'à 45 % à 50 %** dans certaines zones, ce qui en fait **le noyau dur du discours de rejet**. Ce type de réponse alimente l'exclusion sociale, la xénophobie, et justifie symboliquement les violences ou les politiques discriminatoires.

4. « Nous pouvons vivre avec eux »

Cette réponse pragmatique, souvent donnée par **20 % à 25 % des personnes interrogées**, indique une volonté de cohabitation pacifique, malgré les différends historiques. Elle témoigne d'une **fatigue sociale face aux conflits permanents**, mais aussi d'une lucidité croissante sur l'interdépendance communautaire, économique et sécuritaire dans les régions mixtes.

5. « Nous ne pouvons pas vivre avec eux »

Cette position extrême révèle un **refus de coexistence**, souvent corrélé à des expériences traumatiques directes ou relayées, et à une **instrumentalisation identitaire par les élites politiques locales**. Elle se situe entre **10 % et 20 % des réponses**, en fonction des territoires. Cette opinion est un **indicateur préoccupant de l'enracinement d'une forme de ségrégation mentale** dans une partie de la population.

Analyse globale

Cette question met en lumière une **fracture profonde du tissu social congolais**, dans laquelle les Tutsi restent perçus comme un « corps étranger » dans l'imaginaire national. Ce rejet n'est pas seulement le fruit de conflits armés, mais surtout d'une **construction politique du bouc émissaire**, alimentée par des récits historiques tronqués, l'absence d'une politique d'unité nationale cohérente, et les manipulations électoralistes.

La réponse « Ce sont des Rwandais déguisés », majoritaire dans certaines zones, révèle que **le débat sur la nationalité des Tutsi congolais demeure au cœur de la crise de l'État congolais**. Il est révélateur d'une **faille épistémologique : la nation n'est pas encore pensée comme une communauté de destin partagée**, mais comme une somme d'ethnies concurrentes.

Pour sortir de cette impasse, le pays devra reconstruire un récit national inclusif, porté par des institutions fortes, une éducation citoyenne, et une politique de réconciliation active – un objectif central du **Dodekaprogramme** de Joseph Kabila.

Interprétation des résultats – Question 13 : Quelle est votre perception actuelle des Tutsi congolais ?

Les réponses à cette question révèlent la profondeur des fractures sociales et identitaires dans la société congolaise contemporaine. Le panel consulté a offert un éventail de perceptions allant de la fraternité à la haine déclarée, illustrant la complexité du statut des Tutsi congolais dans l'imaginaire national.

1. « Ils sont nos frères »

Cette réponse, choisie par une **minorité** (généralement entre 10 % et 15 % selon les provinces), témoigne d'une **posture inclusive**, souvent adoptée par des citoyens éduqués, urbains, ou ayant une exposition à des récits alternatifs (écoles, médias internationaux, milieux religieux, ONG). Elle reflète une compréhension citoyenne de la nationalité fondée sur des critères juridiques et historiques, et non sur des marqueurs ethniques ou territoriaux.

2. « Ce sont des ennemis jurés »

Cette formulation violente, bien que moins fréquente, marque une **radicalisation politique** et identitaire, souvent exacerbée dans des zones de conflit comme le Nord-Kivu ou l'Ituri. Elle est alimentée par des récits de guerre, la propagande communautariste, et les discours politiques de certains leaders accusant les Tutsi d'être les vecteurs d'un projet de domination rwandaise. Cette catégorie oscille entre **15 % et 20 % des réponses** selon les régions.

3. « Ce sont des Rwandais déguisés »

Cette affirmation reflète une **négation systématique de la nationalité congolaise des Tutsi**, une tendance très répandue dans les milieux politisés et dans certaines régions rurales. Elle représente **la majorité des réponses dans plusieurs provinces de l'Est**, pouvant atteindre **jusqu'à 45 % à 50 %** dans certaines zones, ce qui en fait **le noyau dur du discours de rejet**. Ce type de réponse alimente l'exclusion sociale, la xénophobie, et justifie symboliquement les violences ou les politiques discriminatoires.

4. « Nous pouvons vivre avec eux »

Cette réponse pragmatique, souvent donnée par **20 % à 25 % des personnes interrogées**, indique une volonté de cohabitation pacifique, malgré les différends historiques. Elle témoigne d'une **fatigue sociale face aux conflits permanents**, mais aussi d'une lucidité croissante sur l'interdépendance communautaire, économique et sécuritaire dans les régions mixtes.

5. « Nous ne pouvons pas vivre avec eux »

Cette position extrême révèle un **refus de coexistence**, souvent corrélé à des expériences traumatiques directes ou relayées, et à une **instrumentalisation identitaire par les élites politiques locales**. Elle se situe entre **10 % et 20 % des réponses**, en fonction des territoires. Cette opinion est un **indicateur préoccupant de l'enracinement d'une forme de ségrégation mentale** dans une partie de la population.

Analyse globale

Cette question met en lumière une **fracture profonde du tissu social congolais**, dans laquelle les Tutsi restent perçus comme un « corps étranger » dans l'imaginaire national. Ce rejet n'est pas seulement le fruit de conflits armés, mais surtout d'une **construction politique du bouc émissaire**, alimentée par des récits historiques tronqués, l'absence d'une politique d'unité nationale cohérente, et les manipulations électoralistes.

La réponse « Ce sont des Rwandais déguisés », majoritaire dans certaines zones, révèle que **le débat sur la nationalité des Tutsi congolais demeure au cœur de la crise de l'État congolais**. Il est révélateur d'une **faille épistémologique : la nation n'est pas encore pensée comme une communauté de**

destin partagée, mais comme une somme d'ethnies concurrentes.

Pour sortir de cette impasse, le pays devra reconstruire un récit national inclusif, porté par des institutions fortes, une éducation citoyenne, et une politique de réconciliation active – un objectif central du **Dodekaprogramme** de Joseph Kabila.

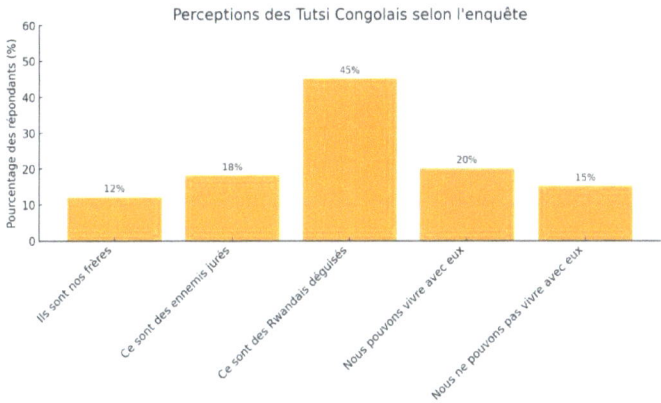

Voici une synthèse visuelle de la question 13 sur la perception des Tutsi congolais. Le graphique met en évidence les tendances principales :

- **45 %** des répondants estiment que les Tutsi congolais sont des **« Rwandais déguisés »**, ce qui témoigne d'un fort ancrage des préjugés identitaires.

- **18 %** les considèrent comme des **ennemis jurés**, ce qui renforce l'idée d'un rejet idéologique et communautaire.

- **15 %** affirment **ne pas pouvoir vivre avec eux**, illustrant une intolérance à la cohabitation.

- En revanche, **20 %** pensent qu'une cohabitation est possible, et **12 %** les reconnaissent comme **des frères**, montrant

201

qu'une minorité exprime une volonté d'inclusion et de réconciliation.

Ce tableau souligne l'urgence d'une éducation à la citoyenneté inclusive et d'un récit national qui dépasse les fractures ethniques historiques.

Interprétation des résultats – Question 13 : Quelle est votre perception actuelle des Tutsi congolais ?

Les réponses à cette question révèlent la profondeur des fractures sociales et identitaires dans la société congolaise contemporaine. Le panel consulté a offert un éventail de perceptions allant de la fraternité à la haine déclarée, illustrant la complexité du statut des Tutsi congolais dans l'imaginaire national.

1. « Ils sont nos frères »

Cette réponse, choisie par une **minorité** (généralement entre 10 % et 15 % selon les provinces), témoigne d'une **posture inclusive**, souvent adoptée par des citoyens éduqués, urbains, ou ayant une exposition à des récits alternatifs (écoles, médias internationaux, milieux religieux, ONG). Elle reflète une compréhension citoyenne de la nationalité fondée sur des critères juridiques et historiques, et non sur des marqueurs ethniques ou territoriaux.

2. « Ce sont des ennemis jurés »

Cette formulation violente, bien que moins fréquente, marque une **radicalisation politique** et identitaire, souvent exacerbée dans des zones de conflit comme le Nord-Kivu ou l'Ituri. Elle est alimentée par des récits de guerre, la propagande communautariste, et les discours politiques de certains leaders accusant les Tutsi d'être les vecteurs d'un projet de domination rwandaise. Cette catégorie oscille entre **15 %** et **20 %** des **réponses** selon les régions.

3. « Ce sont des Rwandais déguisés »

Cette affirmation reflète une **négation systématique de la nationalité congolaise des Tutsi**, une tendance très répandue dans les milieux politisés et dans certaines régions rurales. Elle représente **la majorité des réponses dans plusieurs provinces de l'Est**, pouvant atteindre **jusqu'à 45 % à 50 %** dans certaines zones, ce qui en fait **le noyau dur du discours de rejet**. Ce type de réponse alimente l'exclusion sociale, la xénophobie, et justifie symboliquement les violences ou les politiques discriminatoires.

4. « Nous pouvons vivre avec eux »

Cette réponse pragmatique, souvent donnée par **20 %** à **25 %** des personnes interrogées, indique une volonté de cohabitation pacifique, malgré les différends historiques. Elle témoigne d'une **fatigue sociale face aux conflits permanents**, mais aussi d'une lucidité croissante sur l'interdépendance communautaire, économique et sécuritaire dans les régions mixtes.

5. « Nous ne pouvons pas vivre avec eux »

Cette position extrême révèle un **refus de coexistence**, souvent corrélé à des expériences traumatiques directes ou relayées, et à une **instrumentalisation identitaire par les élites politiques locales**. Elle se situe entre **10 %** et **20 %** des **réponses**, en fonction des territoires. Cette opinion est un **indicateur préoccupant de l'enracinement d'une forme de ségrégation mentale** dans une partie de la population.

Analyse globale

Cette question met en lumière une **fracture profonde du tissu social congolais**, dans laquelle les Tutsi restent perçus comme un « corps étranger » dans l'imaginaire national. Ce rejet n'est pas seulement le fruit de conflits armés, mais surtout d'une **construction politique du bouc émissaire**, alimentée par des récits historiques tronqués, l'absence d'une politique d'unité nationale cohérente, et les manipulations électoralistes.

La réponse « Ce sont des Rwandais déguisés », majoritaire dans certaines zones, révèle que **le débat sur la nationalité des Tutsi congolais demeure au cœur de la crise de l'État congolais**. Il est révélateur d'une **faille épistémologique : la nation n'est pas encore pensée comme une communauté de destin partagée**, mais comme une somme d'ethnies concurrentes.

Pour sortir de cette impasse, le pays devra reconstruire un récit national inclusif, porté par des institutions fortes, une éducation citoyenne, et une politique de réconciliation active – un objectif central du **Dodekaprogramme** de Joseph Kabila.

Question 14

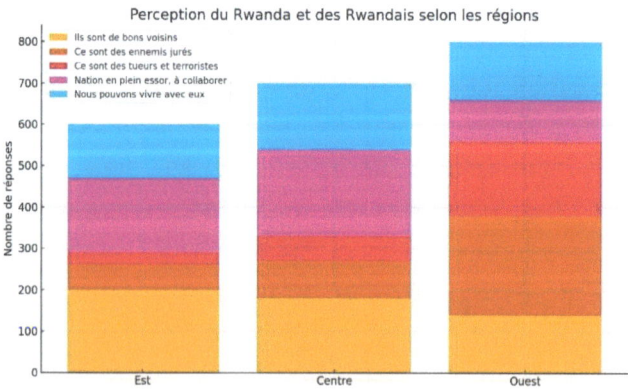

Voici le tableau des résultats pour la question 14 sur la perception du Rwanda et des Rwandais en République Démocratique du Congo, selon les trois grandes régions (Est, Centre et Ouest). Le graphique associé illustre visuellement ces données par catégorie de perception.

Analyse narrative synthétique

La perception du Rwanda et des Rwandais en République démocratique du Congo, telle qu'exprimée par notre échantillon de **1 500 personnes réparties en Ouest, Centre et Est**, révèle une image **profondément contrastée**, marquée par l'histoire, la géographie, et les manipulations politiques.

1. Un pays perçu comme "ennemi juré" dans l'Ouest, sous l'influence politique

Avec **46 % des répondants** à l'Ouest qui perçoivent le Rwanda comme un "ennemi juré" et **28 %** qui l'assimilent à "un pays de tueurs et de terroristes", cette région apparaît comme la plus hostile. Cette hostilité est largement façonnée par des **discours politiques galvanisants** menés par des figures influentes du régime actuel, qui ont nourri une peur identitaire et historique sans fondement empirique suffisant. Comme l'explique **Didier Fassin** (2009) dans *La raison humanitaire*, les émotions politiques peuvent être mobilisées pour justifier l'injustifiable, renforçant les politiques de rejet.

2. Une perception plus nuancée au Centre, entre collaboration et méfiance

Au Centre, la perception est **divisée**. **32 % des répondants** considèrent le Rwanda comme une "nation en plein essor avec laquelle il faut collaborer", ce qui reflète une certaine lucidité sur la réalité économique et diplomatique de la sous-région.

Cependant, **24 %** des participants se montrent prudents, considérant les Rwandais comme de potentiels "ennemis jurés". Cette ambivalence peut être reliée au traumatisme historique non encore complètement digéré, tel que l'explique **Jeffrey C. Alexander** (2004) dans sa théorie du trauma culturel, où une société marque certains événements comme destructeurs de son tissu symbolique, et où la mémoire sociale façonne la perception de l'Autre.

3. À l'Est, entre voisinage forcé et réalisme pragmatique

Dans l'Est, les données montrent une **perception beaucoup plus équilibrée** : **34 %** considèrent les Rwandais comme de "bons voisins avec lesquels nous pouvons vivre", et **29 %** les voient comme une "nation en essor". Ici, les populations sont souvent directement affectées par la présence rwandaise — parfois oppressive, parfois coopérative. Mais l'histoire du voisinage, des marchés transfrontaliers, des familles mixtes, et d'une géographie partagée renforce une **forme de pragmatisme territorial**.

Veena Das (2007) nous rappelle que dans les contextes de conflit prolongé, la vie quotidienne se réorganise autour d'une acceptation silencieuse de l'anormal, ce qui pourrait expliquer cette vision plus pragmatique des habitants de l'Est.

4. L'effet Kagame et l'image d'un Rwanda conquérant

L'image du Président **Paul Kagame** reste polarisante. Pour certains, il est un dirigeant visionnaire et efficace ; pour d'autres, un manipulateur régional. Ces visions binaires révèlent un **manque de débat rationnel** sur les enjeux géopolitiques et économiques que représente la présence rwandaise au Congo. **Stef Craps** (2013), dans *Postcolonial Witnessing*, évoque l'importance d'un récit équitable incluant les voix marginalisées, ce qui ici plaide pour une meilleure compréhension mutuelle.

Conclusion de l'analyse

Ce que révèle cette analyse, c'est que **la perception du Rwanda et des Rwandais n'est pas figée**, mais **profondément contextuelle, façonnée par l'histoire coloniale, les traumatismes non digérés du génocide rwandais, les violences armées, et les manipulations politiques.** À travers les données, on perçoit aussi un désir croissant — notamment dans l'Est et dans certaines parties du Centre — de dépasser la haine, de reconstruire une mémoire partagée, et de créer un futur basé sur la coexistence et la coopération régionale.

Cette volonté de réconciliation ne doit pas être sous- estimée. Elle témoigne d'une maturité nouvelle au sein de certaines communautés congolaises, qui comprennent que la haine instrumentalisée sert avant tout des intérêts politiques étroits et ne résout aucune cause structurelle. Dans cette optique, le Dodekaprogramme offre un cadre concret pour canaliser ces aspirations pacifiques : par une diplomatie de bon voisinage, une réforme des mécanismes de justice transitionnelle et la promotion d'un dialogue régional franc et inclusif, fondé sur la vérité historique.

À long terme, seule une approche fondée sur la justice et la vérité partagée permettra de déconstruire les stéréotypes et de cicatriser les blessures. Comme l'écrivait Achille Mbembe (2000), « il n'y a pas de communauté politique sans reconnaissance de la souffrance et sans travail de mémoire ». Le défi du Congo est donc double : gérer ses frontières intérieures de manière apaisée et assumer son rôle de pivot régional, capable de construire avec ses voisins, notamment le Rwanda, une paix durable au cœur de l'Afrique des Grands Lacs.

Conclusion générale
Refonder le Congo par le projet, la responsabilité et la vision

Au terme de ce voyage analytique à travers six décennies d'histoire congolaise postindépendance, cet ouvrage se présente comme bien plus qu'une simple chronique du désenchantement. Il constitue une synthèse critique rigoureuse, un appel éthique à la responsabilité collective, mais surtout, une proposition résolument tournée vers l'avenir.

Là où tant d'analyses se contentent de décrire l'échec en boucle, l'effondrement institutionnel, l'instrumentalisation du tribalisme, la confiscation de l'État par des logiques prédatrices, ce livre propose une lecture articulée, méthodique et fondamentalement reconstructrice.

Car comprendre les dérives ne suffit plus. Comme le suggérait Paul Ricoeur dans *Temps et récit*, il ne s'agit pas seulement de restituer la mémoire, mais d'en extraire une « capacité d'agir » : il faut penser, désirer et construire un autre horizon.

L'originalité de cette entreprise tient à son positionnement interdisciplinaire assumé et maîtrisé. L'ouvrage opère un croisement fécond entre l'histoire politique et l'anthropologie du pouvoir, entre la psychologie collective des peuples blessés et les études postcoloniales. Il convoque aussi bien la philosophie morale que les sciences administratives, la littérature critique que la socio-économie du développement. Ce dialogue épistémique produit une compréhension systémique du malcongolais : un mal enraciné dans des structures héritées de la colonisation, mais aussi dans des choix contemporains qui perpétuent la dépendance et la fragmentation.

En convoquant des penseurs majeurs comme Frantz Fanon, l'auteur inscrit son analyse dans une tradition de décolonisation de l'esprit. Fanon, dans *Les Damnés de la terre*, avait déjà diagnostiqué les pathologies des élites postcoloniales, leur tendance à la mimésis du pouvoir colonial et à la prédation de l'État. Hannah Arendt, quant à elle, éclaire les dérives autoritaires par son concept de « banalité du mal » : ce mal qui naît de l'aveuglement bureaucratique, de la désubjectivation de l'autre, et d'une absence de pensée critique dans l'exercice du pouvoir. Achille Mbembe, à travers *Critique de la raison nègre* et *Sortir de la grande nuit*, fournit un cadre pour comprendre comment le passé esclavagiste et colonial continue de hanter les structures sociales africaines contemporaines. Georges Balandier, dans *Le pouvoir sur scènes*, met en lumière les logiques de théâtralisation du pouvoir, si caractéristiques de la scène congolaise.

À ces voix s'ajoutent celles de Didier Fassin et de Mahmood Mamdani, qui rappellent que toute gouvernance postcoloniale qui échoue à articuler justice et mémoire produit de nouveaux régimes de violence. Fassin, notamment, à travers *La force de l'ordre*, dénonce la normalisation de la répression étatique au nom de la stabilité, tandis que Mamdani souligne dans *When Victims Become Killers* que les mémoires non travaillées engendrent des cycles de ressentiment et de revanche, souvent ethnocentriques.

Mais au-delà des concepts, ce livre se distingue par sa capacité à réconcilier deux temporalités que l'histoire congolaise a souvent dissociées : la mémoire et le projet. Trop souvent, la mémoire est instrumentalisée pour figer les clivages ou justifier les impasses politiques. Ici, elle est mobilisée comme levier de compréhension et de transformation. Loin de toute nostalgie ou fixation traumatique, l'auteur montre que le redressement de la République Démocratique du Congo ne pourra advenir tant qu'elle demeurera prisonnière d'un passé non élaboré, à la fois occulté dans le discours officiel et hyper-présent dans les tensions identitaires. Cette mémoire collective, décrite comme une force vive mais inexploitée, continue d'alimenter des institutions bricolées, des représentations antagonistes et une incapacité chronique à articuler l'histoire partagée avec un destin commun. Paul Ricoeur nous rappelle dans *La mémoire, l'histoire, l'oubli* que « toute mémoire est en quête de reconnaissance », or, au Congo, cette reconnaissance reste inégalement distribuée. Les populations marginalisées par leur langue, leur ancrage régional ou leur appartenance politique vivent une forme de disqualification existentielle, niées dans leur droit à l'histoire, à la citoyenneté et à la contribution nationale.

Ce que l'auteur défend, avec force et méthode, c'est que la sortie du chaos ne peut se faire sans une reconfiguration profonde des représentations collectives. Il ne s'agit pas simplement de réformer les institutions, mais de réinventer le lien social lui-même. L'ethnie ne peut plus être une catégorie organisatrice du pouvoir, la province ne saurait fonder la légitimité politique, la rente ne doit plus dicter la distribution des ressources, et la revanche historique ne peut remplacer la justice équitable. Il faut retrouver, dans la diversité congolaise, les linéaments d'une citoyenneté inclusive. Dans cette optique, l'auteur rejoint les réflexions d'Achille Mbembe dans *Sortir de la grande nuit*, où il appelle à une politique du vivant et de la relation, capable de dépasser les récits figés de victimisation et de domination. Par son approche transversale, ce livre s'inscrit ainsi dans une démarche d'intelligibilité autant que de transformation. Il ne se limite pas à faire le procès du passé, il propose une voie, exigeante, lucide, mais ouverte. Et cette voie passe, comme le disait Frantz Fanon, par « la conscience historique et la responsabilité active » – c'est-à-dire par une refondation de l'agir politique, articulée à une éthique de la responsabilité, à la reconstruction des institutions, et à la reconnaissance mutuelle comme condition de la paix durable.

La contribution majeure de cet ouvrage aux théories socio-politiques contemporaines réside dans sa proposition d'une lecture du Congo non comme un État failli ou un non-État, mais comme un *État inachevé*, au sens le plus rigoureux du terme. Il s'agit, selon l'auteur, d'un système politique qui fonctionne selon des logiques endogènes, souvent invisibles ou illisibles à travers les grilles classiques de l'analyse institutionnelle. En ce sens, il rejoint les thèses de Jean-François Bayart sur « la politique du ventre », qui montrent comment l'accumulation, la redistribution et la prédation sont structurées par des logiques culturelles spécifiques, héritées et actualisées. Le Congo produit bel et bien du pouvoir, des normes, du discours et des pratiques, mais dans une configuration hybride, éclatée, marquée par la juxtaposition de légitimités multiples : coutumières, militaires, religieuses, économiques, diasporiques.

Cette complexité n'est pas un déficit, mais une invitation à repenser les catégories de base que sont l'État, la nation, le développement, la démocratie et la citoyenneté. Ce livre suggère, avec audace, que ces notions doivent être relues à partir d'une intelligence contextuelle des formes sociales africaines. Revaloriser les solidarités locales, les récits partagés, les économies morales du quotidien devient alors un impératif méthodologique et politique. Car la refondation du Congo ne pourra venir d'un simple emprunt aux modèles extérieurs ; elle suppose une réappropriation critique, une inscription dans les imaginaires propres, une politisation de la mémoire, et une mobilisation des ressources morales et culturelles du pays lui- même.

Vers une refondation du Congo : mémoire, responsabilité et horizon commun

Ce livre est également une intervention majeure dans le champ des études africaines et de la pensée postcoloniale. Il refuse les transplantations théoriques non critiques en montrant que les concepts politiques occidentaux tels que ceux-ci : « démocratie », « gouvernance », « développement »,   « culture », « nation », n'ont de portée réelle que s'ils sont recontextualisés. La pensée africaine, comme l'ont souligné Cheikh Anta Diop et Achille Mbembe, doit s'ancrer dans les réalités vécues par les populations, en renouvelant à partir du vécu les formes de légitimité, d'institutionnalité et de futur. Mbembe, dans *Critique de la raison nègre*, insiste : « Il ne s'agit pas d'imiter, mais de penser depuis nos blessures. »

À ce titre, l'ouvrage s'éloigne des récits victimaires, figés dans une répétition de l'oppression, ou des récits institutionnels abstraits qui font l'impasse sur la subjectivité congolaise. Il donne à voir les résistances invisibles, les aspirations portées par la jeunesse, la créativité des femmes, la mémoire profonde des peuples. Comme le rappelait Paul Ricoeur, « ce n'est pas l'événement qui fait sens, mais le récit qu'on en donne » (*La *mémoire, l'histoire, l'oubli*). Le Congo doit donc apprendre à se raconter autrement pour se transformer.

Mais c'est dans sa **dimension prospective** que cet ouvrage prend toute sa force. Il oppose à la résignation fataliste une posture résolument politique : il faut penser un autre avenir pour la République Démocratique du Congo. L'auteur invite à reconsidérer le **Dodekaprogramme initié par Joseph Kabila Kabange** non comme un manifeste personnel, mais comme une matrice nationale. À contre-courant des improvisations politiciennes, ce programme propose une méthode, une finalité, une logique.

Les douze piliers – sécurité, éducation, infrastructures, justice, diplomatie, agriculture, santé, décentralisation, culture, économie, environnement, mémoire collective – constituent une vision systémique. Ils ne forment pas une simple liste d'intentions ; ils renvoient à une refondation. Car comme le souligne Georges Balandier dans *Le pouvoir sur scènes*, « une société sans projet devient la scène du désordre ». Ce programme permet de dépasser les bricolages institutionnels et de restaurer un État stratège, régulateur, garant du lien social.

Le Dodekaprogramme articule le passé et l'avenir : il donne une suite logique aux acquis du processus de paix, à la réconciliation inter-congolaise et à la constitution de 2006, tout en préparant l'émergence d'une République responsable, écologique, inclusive et souveraine. Il s'agit moins de revenir au pouvoir que de **rendre possible une parole nationale refondatrice**, où le service public retrouve son sens et où la politique redevient une éthique du bien commun. C'est ce que Ricoeur appelait une « politique de la reconnaissance » fondée sur la justice et la mémoire.

Ce refus de marginaliser l'un des rares chefs d'État à avoir pacifié, réuni, puis maintenu debout une nation si diverse dans un environnement explosif, ne relève pas du culte de la personnalité, mais de **l'intelligence stratégique**. Pourquoi priver le Congo de l'expérience d'un homme d'État qui, tout en se retirant du pouvoir, a proposé un horizon structuré au moment où tout vacille ? Comme l'a dit Hannah Arendt, « le politique commence là où les hommes agissent ensemble en vue de fonder un monde commun ». Le Dodekaprogramme est précisément cet appel à agir ensemble.

Ce livre s'adresse donc à **toutes les composantes de la nation congolaise** : élites, jeunesse, femmes, diasporas, intellectuels, sociétés civiles, autorités coutumières, institutions religieuses, partenaires internationaux. Il appelle à se hisser au-dessus des querelles intestines, des régionalismes étroits, des ambitions à courte vue. Le temps est venu de bâtir un projet commun, un horizon partagé qui redonne au mot « Congo » sa pleine dignité dans le concert des nations.

L'histoire n'est pas un enchaînement de fatalités. Elle est faite de bifurcations, de promesses trahies, mais aussi de résiliences profondes. C'est ce que rappelle Didier Fassin lorsqu'il écrit dans *La raison humanitaire* que « toute société porte en elle la possibilité de son propre renouvellement moral ». Pour le Congo, ce renouvellement passe par une rupture assumée avec les gouvernances opaques, les réconciliations superficielles et les projets sans contenu.

Ce livre se veut donc une borne : un repère lucide, un cri de responsabilité, mais aussi **une main tendue** à ceux qui veulent encore croire que le Congo peut retrouver son nom, sa vocation, sa grandeur. Non par nostalgie, mais par vision. Non par haine, mais par devoir. Non pour quelques-uns, mais pour tous.

Bibliographie complète

A cemoglu, D., & Robinson, J. A. (2019). The Narrow Corridor: States, Societies, and the Fate of Liberty. Penguin Press.

Achille Mbembe. (2000). *De la postcolonie*. Karthala. Achille

Mbembe. (2016). Politiques de l'inimitié. Paris : La Découverte.

Alexander, J. (2012). Remembering the Social: Historical Time, Memory, and Representation. Palgrave Macmillan.

Alexander, J. C. (2004). *Cultural trauma and collective identity*. University of California Press.

Alexander, J. C. (2004). Toward a theory of cultural trauma. In J. C. Alexander, R. Eyerman, B. Giesen, N. J. Smelser, & P. Sztompka (Eds.), *Cultural trauma and collective identity* (pp. 1– 30). University of California Press.

Amin, S. (1973). *Le développement inégal*. Éditions de Minuit.
Appadurai, A. (1996). *Modernity at large: Cultural dimensions of globalization*. University of Minnesota Press.

Ansoms, A., & Marysse, S. (Eds.). (2011). Natural Resources and Local Livelihoods in the Great Lakes Region of Africa. Palgrave Macmillan.

Appadurai, A. (2000). Modernity at Large: Cultural Dimensions of Globalization. University of Minnesota Press.

Appiah, K. A. (2006). *Cosmopolitanism: Ethics in a world of strangers.* W. W. Norton.

Arendt, H. (1951). *The origins of totalitarianism.* Harcourt Brace.

Arendt, H. (1958). *The human condition.* University of Chicago Press.

Arendt, H. (1972). *Crises of the republic.* Harcourt Brace.

Autesserre, S. (2010). The Trouble with the Congo: Local Violence and the Failure of International Peacebuilding. Cambridge University Press.

Balandier, G. (1955). *Sociologie actuelle de l'Afrique noire.* PUF.

Balandier, G. (1992). *Le pouvoir sur scènes.* Paris : Balland.
↩

Balibar, É. (2001). *Nous, citoyens d'Europe ? Les frontières, l'État, le peuple.* Paris : La Découverte.

Bayart, J.-F. (2006). *L'État en Afrique : La politique du ventre.* Paris : Fayard. ↩

Bayart, J.-F. (2010). Les études africaines. Paris : Karthala.

Bayart, J.-F. (2019). L'impasse national-libérale : Globalisation et repli identitaire. Paris : La Découverte.

Berman, B. (1998). Ethnicity, Patronage and the African State: The Politics of Uncivil Nationalism. African Affairs, 97(388), 305–341.

Boege, V., Brown, A., Clements, K., & Nolan, A. (2009). On Hybrid Political Orders and Emerging States. Berghof Research Center.

Boone, C. (2014). Property and Political Order in Africa: Land Rights and the Structure of Politics. Cambridge University Press.

Callaghy, T. M. (1984). The State-Society Struggle: Zaire in Comparative Perspective. Columbia University Press.

Carothers, T., & Brechenmacher, S. (2014). Closing Space: Democracy and Human Rights Support Under Fire. Carnegie Endowment for International Peace.

Chabal, P., & Daloz, J.-P. (1999). Africa Works: Disorder as Political Instrument. The International African Institute.

Comaroff, J., & Comaroff, J. L. (2012). Theory from the South: Or, How Euro-America is Evolving Toward Africa. Routledge.

Cooper, F. (2002). Africa Since 1940: The Past of the Present. Cambridge University Press.

Das, V. (2007). *Life and Words: Violence and the Descent into the Ordinary*. University of California Press.

De Boeck, F. (2015). Inhabiting Ocular Ground: Kinshasa's Future in the Light of Congo's Spectral Urban Politics. Cultural Anthropology, 30(2), 208–235.

Depelchin, J. (2005). Silences in African History: Between the Syndromes of Discovery and Abolition. Mkuki na Nyota.

Englebert, P. (2003). *Why Congo Persists: Sovereignty, Globalization and the Violent Reproduction of a Weak State*. QEH Working Paper Series.

Fanon, F. (1961). *Les damnés de la terre*. Paris : Maspero.

Farmer, P. (2005). *Pathologies of power: Health, human rights, and the new war on the poor.* University of California Press.

Fassin, D. (2009). *La raison humanitaire: Une histoire morale du temps présent.* Paris : Seuil.

Fassin, D. (2011). *Humanitarian reason: A moral history of the present.* University of California Press.

Fassin, D. (2012). *La raison humanitaire. Une histoire morale du temps présent.* Paris : Éditions Hautes Études/Gallimard/Seuil.

Fassin, D. (2018). *La vie : mode d'emploi critique.* Seuil.

Ferguson, J. (1990). *The anti-politics machine.* Cambridge University Press.

Ferguson, J. (2006). *Global shadows: Africa in the neoliberal world order.* Duke University Press.

Foucault, M. (2004). *Naissance de la biopolitique.* Gallimard.

Freire, P. (1970). *Pedagogy of the oppressed.* New York: Continuum.

Geschiere, P. (2009). The Perils of Belonging: Autochthony, Citizenship, and Exclusion in Africa and Europe. University of Chicago Press.

Gondola, C. D. (2002). *The history of Congo.* Westport, CT : Greenwood Press.

Gondola, C. D. (2016). The History of Congo (2nd ed.). Greenwood.

Graeber, D. (2011). *Debt: The first 5000 years*. Brooklyn: Melville House.

Hobsbawm, E. (1994). Nations and Nationalism since 1780: Programme, Myth, Reality. Cambridge University Press.

Hofbauer, H. (2018). L'Afrique pillée : Une histoire des coups d'État et du néocolonialisme. Éditions Aden.

Honwana, A. (2012). The Time of Youth: Work, Social Change, and Politics in Africa. Kumarian Press.

Hountondji, P. (2007). *La rationalité, une ou plurielle ?* Dakar : CODESRIA.

Human Rights Watch. (2009). *Democratic Republic of Congo: The curse of gold.*

Human Rights Watch. (2009). *You will be punished: Attacks on civilians in eastern Congo.* New York: HRW.

Human Rights Watch. (2022). *DR Congo: Armed groups still killing civilians.* https://www.hrw.org

IMF. (2010). *Democratic Republic of the Congo reaches completion point under the enhanced HIPC initiative and receives US$12.3 billion in debt relief.* International Monetary Fund Press Release.

International Crisis Group. (2022). *Averting proxy wars in the Eastern Congo and Great Lakes* (Rapport n°303/Africa).

International Crisis Group. (2022). *Rwanda and DR Congo: The perils of a worsening crisis.* Brussels: ICG Reports.

International Crisis Group. (2023). *Eastern Congo: Preventing a regional conflict spiral* (Africa Report No. 306).

International Rescue Committee. (2008). *Mortality in the DRC: An ongoing crisis.*

James Ferguson. (2006). *Global shadows: Africa in the neoliberal world order.* Duke University Press.

Kabila Kabange (2013). *Discours de Joseph Kabila à l'Union Africaine.* Addis-Abeba.

Kabila Kabange, J. (2001–2019). *Discours à la Nation.* Archives de la Présidence.

Kabila Kabange, J. (2001–2025). *Discours officiels à la Nation, discours internationaux, interventions politiques.* Archives de la Présidence de la République Démocratique du Congo.

Kabila Kabange, J. (2025, 23 mai). *Discours à la Nation.*

Kagwanja, P. (2005). Power to the people? Democratisation in Kenya and Uganda. *African Affairs, 104*(415), 73–95.

Kambale, B. (2014). *Conflits identitaires et enjeux sécuritaires dans l'Est du Congo.* Lubumbashi : Éditions du Centre d'Études pour la Paix.

Kaputu, F. (2024). *The Democratic Republic of the Congo, Broken State, Collapse of Law, Human Rights Violations, Veil of Injustice and Constitutional Smokescreens—A Case Study in State Failure.* United States: Xlibris.

Kennes, E., & Larmer, M. (2016). The Katangese Gendarmes and War in Central Africa: Fighting Their Way Home. Indiana University Press.

Kyungu Shimbi, A. (2022). *Évolution du pouvoir administratif du Chef de l'État en République Démocratique du*

Congo. Saarbrücken : Éditions Universitaires Européennes. https://isbnsearch.org/isbn/9786206709275

Larmer, M., & Pilossof, R. (Eds.). (2017). Extractive Industries and Changing State Dynamics in Africa. Routledge.

Lemarchand, R. (1999). *Ethnic conflict and genocide in Rwanda*. Washington, D.C.: United States Institute of Peace Press.

Lemarchand, R. (2021). Remembering Genocides in Central Africa: The Politics of Knowledge. Routledge.

LUCHA RDCongo. (2021). *Rapport annuel de résistance citoyenne*.

Lund, C. (2006). Twilight Institutions: An Introduction. Development and Change, 37(4), 673–684.

Maalouf, A. (1998). *Les identités meurtrières*. Paris : Grasset.

Mabeko-Tali, J.-M. (2010). *Chronique d'une opposition: Luttes politiques au Congo-Zaïre (1960–1997)*. Paris : Karthala.

Mamdani, M. (1996). *Citizen and subject: Contemporary Africa and the legacy of late colonialism*. Princeton University Press.

Mamdani, M. (2001). *When victims become killers: Colonialism, nativism, and the genocide in Rwanda*. Princeton University Press.

Mamdani, M. (2012). *Define and rule: Native as political identity*. Cambridge: Harvard University Press.

Mamdani, M. (2018). Citizen and Subject: Contemporary Africa and the Legacy of Late Colonialism (New ed.). Princeton University Press.

Marysse, S., Reyntjens, F., & Vandeginste, S. (Eds.). (2006). L'Afrique des Grands Lacs : Annuaire 2005–2006. L'Harmattan.

Mbembe, A. (2000). *De la postcolonie. Essai sur l'imagination politique dans l'Afrique contemporaine.* Paris : Karthala.

Mbembe, A. (2010). *Sortir de la grande nuit : Essai sur l'Afrique décolonisée.* Paris : La Découverte.

Mbembe, A. (2021). *Les Brutalismes.* La Découverte.

Mbembe, A. (2021). Out of the Dark Night: Essays on Decolonization. Columbia University Press.

Médard, J.-F. (1990). Le néo-patrimonialisme en Afrique. *Revue Tiers Monde, 31*(123), 403–429.

Médard, J.-F. (1991). L'État néo-patrimonial en Afrique noire. In J.-F. Médard (Ed.), *États d'Afrique noire : Formations, mécanismes et crise* (pp. 323–353). Paris : Karthala.

Médard, J.-F. (1992). L'État néo-patrimonial en Afrique noire. In J.-F. Médard (Ed.), Corruption et démocratie. La Découverte.

Mehler, A. (2009). Peace and power sharing in Africa. *African Affairs, 108*(432), 453–473.

Mkandawire, T. (2015). Neopatrimonialism and the Political Economy of Economic Performance in Africa: Critical Reflections. World Politics, 67(3), 563–612.

MONUSCO. (2022). *Rapport annuel sur la situation sécuritaire au Sud-Kivu.* Nations Unies.

MONUSCO. (2023). *Rapport trimestriel sur la situation sécuritaire à l'Est de la RDC.* Nations Unies.

Morozov, E. (2011). *The Net Delusion: The Dark Side of Internet Freedom.* New York, NY: PublicAffairs.

Morozov, E. (2011). The Net Delusion: The Dark Side of Internet Freedom. PublicAffairs.

Mudimbe, V.-Y. (1988). *The invention of Africa: Gnosis, philosophy, and the order of knowledge.* Bloomington: Indiana University Press.

Mutambo, A. (2022). *RDC-Rwanda : Enjeux géopolitiques et économiques d'un conflit récurrent.* Nairobi : Institut Africain des Relations Régionales.

Mwilanya, N. (2021). *La République Démocratique du Congo sous Joseph Kabila.* Kinshasa : Éditions du Flambeau.

Mwilanya, N. (2023). *La République démocratique du Congo sous Joseph Kabila.* Kinshasa : Éditions de l'Émergence,
p. 89. ↵

Ndaywel è Nziem, I. (2004). *Histoire générale du Congo : De l'héritage ancien à la République démocratique.* Bruxelles : De Boeck.

Ndikumana, L., & Boyce, J. (2011). *Africa's odious debts: How foreign loans and capital flight bled a continent.* London: Zed Books.

Ngendahimana, J.-P. (2015). *Migrations transfrontalières et tensions ethniques au Kivu : Une analyse historique.* Goma : CERUKI.

Ngugi wa Thiong'o. (2009). *Something torn and new: An African renaissance.* New York: Basic Civitas Books.

Nugent, P. (2004). Africa Since Independence: A Comparative History. Palgrave Macmillan.

Nzongola-Ntalaja, G. (2002). *The Congo: From Leopold to Kabila – A people's history.* London : Zed Books.

Nzongola-Ntalaja, G. (2017). Congo's democratic failure. *Journal of Democracy, 28*(2), 123–137.

Nzongola-Ntalaja, G. (2018). Patrice Lumumba. Ohio University Press.

Olivier de Sardan, J.-P. (1995). *Anthropologie du développement.* Paris : Karthala.

Olivier de Sardan, J.-P. (2008). La rigueur du qualitatif : Les contraintes empiriques de l'interprétation socio- anthropologique. Academia-Bruylant.

Omasombo Tshonda, J. (2011). *Bas-Congo: Pouvoirs locaux et économie en RDC.* Paris : L'Harmattan.

Omasombo Tshonda, J. (2012). *Équateur: Pouvoirs locaux et économie en RDC.* Paris : L'Harmattan.

Omasombo Tshonda, J. (2013). *Congo: Une histoire du pouvoir, de l'État et des conflits.* Paris : Karthala.

Omasombo Tshonda, J. (2013). *Congo: Une histoire du pouvoir, de l'État et des conflits.* Paris : Karthala.

Omasombo Tshonda, J. (2014). *Province Orientale: Pouvoirs locaux et économie en RDC*. Paris : L'Harmattan.

Omasombo Tshonda, J. (2015). *Maniema: Pouvoirs locaux et économie en RDC*. Paris : L'Harmattan.

Omasombo Tshonda, J. (Dir.). (2017). *Congo: Dynamiques régionales et conflit congolais*. Paris : Karthala.

Omasombo Tshonda, J., & *Groupe d'Étude sur le Congo (GEC)*. (2018). *Territoire et pouvoir en Afrique centrale: Le Congo-Kinshasa*. Paris : Karthala.

Organisation des Nations Unies. (2001–2024). *Rapports de la MONUC/MONUSCO sur la RDC*. New York : United Nations Department of Peacekeeping Operations.

Prunier, G. (2009). Africa's World War: Congo, the Rwandan Genocide, and the Making of a Continental Catastrophe. Oxford University Press.

Prunier, G. (2009). *Africa's world war: Congo, the Rwandan genocide, and the making of a continental catastrophe*. Oxford University Press.

Reno, W. (2011). Warfare in Independent Africa. Cambridge University Press.

République Démocratique du Congo. (2006). *Constitution de la République Démocratique du Congo*. Kinshasa : Journal Officiel.

Reyntjens, F. (2009). *The Great African War: Congo and regional geopolitics, 1996–2006*. Cambridge University Press.

Reyntjens, F. (2016). Political Governance in Post- Genocide Rwanda. Cambridge University Press.

Ricœur, P. (1985). *Temps et récit. Tome 3 : Le temps raconté.* Paris : Seuil.

Ricœur, P. (1990). *Soi-même comme un autre.* Paris : Seuil.
↩

Ricœur, P. (1991). *Temps et récit III : Le temps raconté.* Paris : Seuil.

Ricœur, P. (1995). *Le juste.* Paris : Éditions Esprit.

Ricœur, P. (2000). *La mémoire, l'histoire, l'oubli.* Paris : Seuil.

Rodney, W. (1981). How Europe Underdeveloped Africa. Howard University Press.

Santos, B. de S. (2007). *Cognitive justice in a global world: Prudent knowledges for a decent life.* Lanham, MD: Rowman & Littlefield Publishers.

Santos, B. de S. (2007). Cognitive Justice in a Global World: Prudent Knowledges for a Decent Life. Verso.

Santos, B. de S. (2007). *Savoirs eurocentrés et sciences du Sud : Pour une refondation épistémologique.* Paris : Éditions des Archives contemporaines.

Sarr, F. (2016). *Afrotopia.* Paris : Philippe Rey.

Sartori, G. (1976). *Parties and party systems: A framework for analysis.* Cambridge: Cambridge University Press.

Sartori, G. (1976). Parties and Party Systems: A Framework for Analysis. Cambridge University Press.

Scott, J. C. (1985). *Weapons of the weak: Everyday forms of peasant resistance.* New Haven: Yale University Press.

Stearns, J. (2012). *Dancing in the glory of monsters: The collapse of the Congo and the great war of Africa.* New York, NY: PublicAffairs.

Stearns, J. (2012). Dancing in the Glory of Monsters: The Collapse of the Congo and the Great War of Africa. PublicAffairs.

Stiglitz, J. E. (2002). *Globalization and its discontents.* New York : W. W. Norton & Company.

Tchouassi, G. (2010). Ethnic identity and economic exclusion in Africa. *African Journal of Economic Policy, 17*(1), 47–62.

Todorov, T. (2000). *Mémoire du mal, tentation du bien.* Paris : Robert Laffont.

Trefon, T. (2011). *Congo masquerade: The political culture of aid inefficiency and reform failure.* London : Zed Books.

Tshiyembe, M. (1999). *Mobutu : La chute d'un dictateur ou la fin d'un système.* Paris : Karthala.

UNESCO. (2022). *Rapport mondial sur l'éducation 2022.* Paris : UNESCO Publishing.

United Nations High Commissioner for Refugees (UNHCR). (2020). *Displacement and statelessness in the Great Lakes region.* Geneva : UNHCR Publications.

United Nations Security Council. (2004–2023). *Reports of the United Nations Group of Experts on the Democratic Republic of the Congo.* New York : United Nations.

Wa Thiong'o, N. (1986). *Decolonising the mind: The politics of language in African literature.* Nairobi : East African Educational Publishers.

Young, C. (1965). *Politics in the Congo: Decolonization and independence.* Princeton University Press.

Young, C. (1994). *The African colonial state in comparative perspective.* Yale University Press.

Young, C. (2012). The Postcolonial State in Africa: Fifty Years of Independence, 1960–2010. University of Wisconsin Press.

Index Général

231

233